Reinhard Heinke

Fuchsien

So gedeihen und blühen
sie am besten

Experten-Rat für Kauf, Pflege und
Überwinterung

Mit Farbfotos von Friedrich Strauß
Zeichnungen von Ushie Dorner

GU Gräfe
und
Unzer

Inhalt

'Joy Patmore' läßt sich gut zu Hochstämmchen ziehen.

'Annabel' für schattigen Standort.

Fuchsia speciosa-Blüten.

Die Farbfotos auf dem Umschlag:
Die Fotos zeigen besonders attraktive Fuchsiensorten.
Titelseite: Neuzüchtung.
Umschlagseite 2: 'Charming'.
Umschlagseite 3: 'Vielliebchen'.
Umschlagrückseite: 'Mantilla' (oben links), 'Sleigh Bells' (oben rechts), 'Architekt L. Mercher' (unten).

Ein Wort zuvor

Der Volksmund nennt sie liebevoll Ballerinen oder Glockenstöckel und trifft damit den Charakter der Fuchsien ganz genau. Ihre anmutigen Blüten gleichen Tänzerinnen in duftigen Ballettröckchen, ihr lockerer Wuchs erinnert an ein Glockenspiel, das schon ein leiser Windhauch zum Tönen bringen könnte. Seit ihrer Entdeckung vor fast 300 Jahren haben Fuchsien mit ihrem unvergleichlichen Charme immer wieder Pflanzenliebhaber bezaubert. Fuchsien sind heute »in« und von den Balkonen, Terrassen und aus den Gärten nicht mehr wegzudenken. Reisefreudigkeit und Sammelleidenschaft der Blumenfreunde tragen dazu bei, daß ständig neue Sorten ins Land gebracht und alte wiederentdeckt werden.

Oft ist die erste Fuchsie, die man kauft, eine üppige Ampelpflanze – großblütig, farbintensiv, ein prachtvoller Blickfang. Einmal begeistert, wird der Blumenfreund neugierig auf die Feinheiten kleinblütiger Spielarten, bekommt Lust auf Sorten mit einer bizarren Blütenform, kurzum, er wird aufmerksam auf die unzähligen farbenprächtigen Hybriden.

Dieser farbige GU-Pflanzen-Ratgeber führt Sie durch die faszinierende Vielfalt der Fuchsiensorten. Der Autor Reinhard Heinke, ein erfahrener Gärtnermeister und Fuchsienspezialist, sagt Ihnen, worauf es bei der erfolgreichen Pflege von Fuchsien auf Balkon und Terrasse, im Garten und im Zimmer ankommt. Seine Anleitungen sind leicht verständlich – für jeden nachvollziehbar. Auch gärtnerisch Ungeübten wird es so leicht gemacht, Fuchsien zu üppiger Blütenpracht zu bringen. Sie erfahren, worauf Sie beim Kauf von Fuchsien achten sollten, wo Fuchsien optimal stehen und wie Sie auch einen weniger günstigen Standort noch fuchsiengerechter machen können.

Reinhard Heinke, der in seiner Dortmunder Gärtnerei unzählige Fuchsiensorten und -arten kultiviert und tagtäglich mit Fuchsienfreunden zu tun hat, erklärt Ihnen aus eigener Praxis, wie richtig gepflanzt wird und was Sie tun müssen – zum Beispiel beim Gießen, Düngen und Schneiden –, damit die Schönen jedes Jahr aufs neue prachtvoll blühen. Er informiert über geeignete Überwinterungsmöglichkeiten und darüber, wie man durch den richtigen Schnitt eine Fuchsie gestalten und zu reichem Blütenansatz bringen kann. Farbige Schritt-für-Schritt-Zeichnungen vermitteln dabei anschaulich das notwendige gärtnerische Wissen.

Hinweise auf Schädlinge und Krankheiten sowie Ratschläge für ihre Bekämpfung mit klassischen Mitteln fehlen ebensowenig wie erfolgreiche Vorbeugungsmaßnahmen und Anleitungen zur Verwendung biologischer Pflanzenschutzmittel. Außerdem erfahren Sie, wie leicht es ist, Fuchsien zu vermehren und wie man selbst zum Züchter werden kann.

Brillante Farbfotos der schönsten Fuchsiensorten, die eigens für dieses Buch aufgenommen wurden, vermitteln ein eindrucksvolles Bild von der Schönheit und Vielfalt dieser Blütenpflanzen. In einem eigenen Kapitel, in dem bekannte und neue Sorten beschrieben und im Farbfoto gezeigt werden, können Sie sich Ihre Favoriten für Balkon und Garten aussuchen. Sicherlich finden da sogar langjährige Fuchsienfreunde noch etwas Neues.

Viel Freude mit Fuchsien und eine üppige Blütenpracht in Haus und Garten wünschen Ihnen
Autor und GU Naturbuch-Redaktion.

Der Autor
Reinhard Heinke, Gärtnermeister, der seit langen Jahren erfolgreich Fuchsien kultiviert. Autor zahlreicher Fachbeiträge.

Autor und Verlag danken allen, die zum Gelingen dieses Buches beigetragen haben: Friedrich Strauß für die außergewöhnlich schönen Farbfotos und Ushie Dorner für die informativen Zeichnungen.

Fuchsien unter sich. ▷
Neben stehenden, halbhängenden und hängenden Sorten im Kasten, im Hintergrund zwei üppig blühende Hochstämmchen. 'Beacon' (links) und 'Deutsche Perle' (rechts).

Was Sie über Fuchsien wissen sollten

Entdeckt von einem französischen Pater, benannt nach einem deutschen Botaniker, von Engländern erstmals züchterisch bearbeitet, von Franzosen, Deutschen und Amerikanern perfektioniert – seit fast 300 Jahren fasziniert die Fuchsie, von der es weit über 100 Arten und nahezu 10000 Sorten gibt, die Pflanzenliebhaber rund um den Globus.

Kleine Fuchsiengeschichte

Die erste Fuchsie wurde 1695 entdeckt. Der Botaniker Pater Charles Plumier (1646–1704) fand sie anläßlich seiner dritten Südamerika-Expedition auf der Insel Santo Domingo. Er beschrieb sie in seinem 1703 veröffentlichten Buch »Nova Plantarum Americanum Genera« als zierlichen Blütenstrauch und benannte sie zu Ehren des berühmten deutschen Botanikers Leonhart Fuchs (1500–1566) *Fuchsia triphylla flore coccinea* – was soviel bedeutet wie dreiblättrige *Fuchsia* mit roten Blüten. Heute heißt sie nach der von Linné begründeten Nomenklatur *Fuchsia triphylla*. Zwischen 1768 und 1840 wurden weitere neue Arten entdeckt, die alle nach England eingeführt wurden. Auch der deutsche Botaniker K. T. Hartweg sammelte zwischen 1836 und 1843 im Auftrag der englischen Königlichen Gartenbaugesellschaft in Mittelamerika Fuchsien.

Die Heimat der Fuchsie

Das natürliche Verbreitungsgebiet der Fuchsie reicht über tausende von Kilometern hinweg. Es beginnt auf den Inseln um Haiti und Santo Domingo und dehnt sich von Mexiko und Zentralamerika bis nach Feuerland aus. Kurioserweise kommen Fuchsien nur an Westküsten vor. Einzige Ausnahme: Auch in einem Teilgebiet westlich von Rio de Janeiro haben sich Fuchsien niedergelassen – und dies ist bekanntlich eine Ostküste. Ferner findet man eine Sektion auf Tahiti und Neuseeland. Als die Fuchsie nach Europa eingeführt wurde, verbreiteten sich die Magellanica-Formen bald an der Westküste der Britischen Inseln – sogar in Schottland und Irland. Obwohl Fuchsien in tropischen Regionen beheimatet sind, kann man sie nicht als typische Tropenpflanzen bezeichnen. Sie wachsen vorwiegend in lichten Bergwäldern bis zu 3000 Meter Höhe, wo die Luftfeuchtigkeit sehr hoch und der Boden humos, luftig und gut wasserdurchlässig ist.

Die Entstehung der Hybriden

Eine Hybride entsteht aus der Kreuzung von zwei verschiedenen artenreinen Elternpflanzen. Das geschieht durch Wind- oder Insektenbestäubung oder durch gezieltes Eingreifen des Menschen. Zur Zeit sind Wissenschaftler damit beschäftigt, in der Ursprungsheimat vorkommende Typen, zum Beispiel von *Fuchsia magellanica* oder *Fuchsia bacillaris,* auf eventuell schon erfolgte Hybridisierung zu untersuchen. Die ersten von Züchtern geschaffenen Hybriden entstanden ab 1832 durch Kreuzung von Arten untereinander mit *Fuchsia magellanica* als einem Elternteil. Andere Züchter kreuzten die schon vorhandenen Wildarten miteinander und brachten neue Hybriden hervor.

Neue Sorten durch Mutationen

Bestäubung durch Wind, Insekten oder Menschenhand kann neue Fuchsien hervorrufen. Aber es gibt noch andere Faktoren, die das Erscheinungsbild ändern können: Mutationen. Sie zeigen sich durch plötzlich auftretende Veränderungen der Blüten- oder Blattfarben und des Wuchses. Die Verursacher sind Klimaschocks, Strahlen oder Zellgifte wie das aus der Herbstzeitlose gewonnene Colchicin. In jüngster Zeit arbeitet man bereits gezielt mit Bestrahlungen und Giften, um Mutationen zu provozieren. Aus den veränderten Triebteilen werden Stecklinge geschnitten und bewurzelt. So entsteht eine neue Sorte.

Was den Züchter vom Kultivateur unterscheidet

Wer Pflanzen vermehrt, wird im Volksmund fälschlich als Züchter bezeichnet, ist aber ein Anbauer oder Kultivateur. Ein wirklicher Züchter muß durch Kreuzung zweier beliebiger Elternteile eine

Beliebte Sorten: 'Charming', 'Joy Patmore', 'Deutsche Perle', 'Lady Isobel Barnett' (von links nach rechts).

neue Sorte hervorbringen, der er dann als Alleinberechtigter auch einen Namen geben darf.

Wie die Farbenvielfalt entstand
Eine der schönsten Eigenschaften der Fuchsien ist ihre Viel- und Mehrfarbigkeit, die Züchter seit eh und je zum Experimentieren reizt:
● Orange bei der zuerst entdeckten *Fuchsia triphylla*.
● Violett bei *Fuchsia lycioides* und *Fuchsia arborescens*.
● Weißgrün mit Rot bei *Fuchsia excorticata* und *perscandens*.

● Pinkrosa bei *Fuchsia microphylla*.
● Feuerrot bei *Fuchsia fulgens*.
● Gelborange bei *Fuchsia splendens*.
● Weißgrün mit Rotorange bei *Fuchsia denticulata*.
Mit diesen genannten Arten wurde vor allem in England zuerst gezüchtet. 1840 entstand die erste Sorte mit weißem Tubus, weißen Sepalen und purpurfarbener Korolle. Sie wurde *Venus Victrix* getauft und später zu zahlreichen Kreuzungen verwendet. In vielen Blüten mit weißen Teilen sind ihre Gene ent-

halten. 1848 gelang erstmals eine Sorte mit weißgefüllter Korolle. Damit waren die Hauptfarben für weitere Kombinationen gesichert. Um die Jahrhundertwende reduzierte sich in England die Zahl der Neuzüchtungen. Dafür brachten französische und deutsche Züchter Sorten heraus, die heute noch im Sortiment vorhanden sind. So war die Züchtung der *Triphylla*-Hybriden vor allem eine deutsche Domäne. Diese traubenblütigen, sonnenfesten Sorten sind über die ganze Welt verbreitet.

Amerikanische Fuchsien

In Kalifornien fanden sich 1929 Fuchsien-Liebhaber zusammen und gründeten mit der »American Fuchsia Society« die erste Fuchsiengesellschaft der Welt. 1937 wurde ein erstes Züchtungsergebnis vorgestellt. Eine neue Züchtungsrichtung mit sehr großblütigen Hybriden bahnte sich an. Strahlende Farben und neue Blütenformen entstanden. Viele dieser amerikanischen Hybriden wurden Wegbereiter für eine neue Fuchsienwelle in Europa.

In den 70er Jahren erlebte man dann noch einmal eine züchterische Sensation. Obwohl man damals davon ausging, daß die Farbpalette bei Fuchsien mittlerweile erschöpft sei, kamen noch neue Sorten mit tief auberginefarbener Korolle und himmelblauen Staubsäcken heraus. Ihre Namen: 'Amke', 'Foolke', 'Foline'.

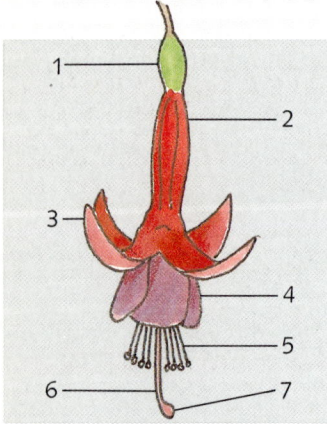

Aufbau einer Fuchsienblüte.
1 *Fruchtknoten.*
2 *Kelchröhre (Tubus).*
3 *Kelchblätter (Sepalen).*
4 *Kronblätter (Petalen); heißen insgesamt Korolle.*
5 *Staubfäden mit Staubgefäßen.*
6 *Griffel.*
7 *Narbe; Narbe und Griffel = Stempel.*

Etwas Fuchsienbotanik

Die Fuchsie hat in der botanischen Systematik ihren festen Platz. Sie gehört:
● Zur Abteilung der Bedecktsamer.
● Zur Klasse der Zweikeimblättrigen.
● Zur Ordnung der Myrtenblütigen.
● Zur Familie der Nachtkerzengewächse *(Onagraceae)*.
Damit ist sie eng verwandt mit unserem heimischen Weidenröschen *(Epilobium)*, dem gelbblühenden Schinkenkraut *(Oenothera biennis)*, der Atlasblume *(Godetia)* und der *Clarkia*.

Die Fuchsien-Nomenklatur

Die Benennung von Fuchsien-Arten und -Sorten ist festgelegt und international gültig und verständlich. Sie wird durch den »Internationalen Code der Botanischen Nomenklatur« beziehungsweise durch den »Internationalen Code der Nomenklatur der Kulturpflanzen« geregelt.

Wer ein bißchen Latein beherrscht, kann aus dem botanischen Namen, der aus zwei oder mehreren Teilen zusammengesetzt sein kann, allerhand über Herkunft und Eigenschaften einer Pflanze erfahren. Beispiel: *Fuchsia boliviana var. luxurians alba.*

Fuchsia ist der Gattungsname; boliviana ist der Artname, der hier auf den Herkunftsort Bolivien hinweist;

var. luxurians heißt übersetzt »üppige Varietät« – *var.* ist die Abkürzung für *variegata*;

alba oder Alba ist das lateinische Wort für Weiß.

Hier wird die Farbe der in der Natur entstandenen Sorte beschrieben, die von der ursprünglich roten *Fuchsia boliviana var. luxurians* abweicht.

Unterarten werden mit *ssp.* (das ist die Abkürzung für *subspezies*) bezeichnet, zum Beispiel *Fuchsia bacillaris ssp. bacillaris.*

Artbastarde, also Kreuzungen innerhalb der gleichen Art, schreibt man mit einem x, zum Beispiel *Fuchsia x bacillaris.*

Hybriden entstehen durch Kreuzung von zwei verschiedenen Arten und sind dann nicht mehr reinerbig. Unsere Gartenfuchsie heißt *Fuchsia hybrida.*

Sorten heißen die vielerbigen Töchter von Kreuzungen verschiedener Arten oder Sorten, zum Beispiel *Fuchsia hybrida* 'Kwintet'.

Wieviele Arten und Sorten gibt es?

Exakte Zahlen sind nicht vorhanden. Nach Schätzungen gibt es in der Bundesrepublik etwa 2000 und weltweit bis zu 10 000 Sorten. Da keine Bestimmungsbücher für Fuchsien existieren, ist man immer noch auf die Abbildungen in Liebhaberausgaben des In- und Auslandes angewiesen. In neuerer Zeit erscheinen Bilderbogen in loser Folge, die keinen Anspruch auf Vollständigkeit erheben. Die Zahl der Fuchsienarten, die in der freien Natur noch in ihrer ureigensten Form wachsen, wird auf über 300 geschätzt.

Die Fuchsienblüte

Ihren Aufbau veranschaulicht eine Zeichnung (→ Seite 8). Sie ist zusammengesetzt aus:
● Dem Kelch oder Tubus.
● Den Kelchblättern oder Sepalen.
● Der Blumenkrone oder Korolle.
● Den männlichen Staubgefäßen mit Staubfäden.
● Dem weiblichen Stempel mit Fruchtknoten, Griffel und Narbe.
Es lassen sich ferner verschiedene Blütenformen (→ Zeichnung, Seite 9) unterscheiden: einfache, halbgefüllte und gefüllte Blüten.

Ihre Kelch- und Kronblätter weisen je nach Art oder Sorte verschiedene Formen auf, die Blütenknospen können schlank, länglich oder kugelig aussehen.

Fuchsien bestimmen

Anhand von Farbangaben ist es nahezu unmöglich, Fuchsien exakt zu bestimmen oder sie mit anderen zu vergleichen. Zur Beurteilung sind die Blüten-, Wuchs- und Blattformen, die Form des Fruchtknotens, die Länge und Form des Tubus, die Form, Länge und Stellung der Sepalen, die Form und Stellung der Korolle und die Länge des Griffels sowie die Ausfärbung der Staubbeutel wichtig.
In der deutschen Literatur über Fuchsien werden die Blütenfarben direkt oder sinngemäß aus dem Englischen übersetzt. Es fehlt an nuancenreichen, treffenden, klar abgrenzenden Farbeinstufungen. Allerdings ist es bei Fuchsien auch schwierig, exakte Farbangaben festzuschreiben.
Jeder Fuchsienkenner weiß, daß sich die Blüten durch unterschiedliche Bedingungen aus- oder verfärben können. Ihre Farbe ist abhängig:
● Von der Auspflanzung ins Freie oder in Gefäße.
● Vom Substrat oder der Bodenbeschaffenheit (torfig, lehmig, sauer, neutral, alkalisch).
● Vom Alter der Pflanze.
● Von dem durch Gießen oder Trockenhalten verursachten Spannungszustand in den Geweben.
● Von der Ernährung.
● Vom Kulturort (Freiland oder Glashaus).
● Vom Standort (Sonne, Schatten, Sonnenlicht, Kunstlicht).
● Vom Wetter während der Blütenentwicklung.
Die RHS-Angaben. Seit neuestem halten sich die Züchter an die Farbangaben der RHS (Royal Horticul-

Blütenformen.

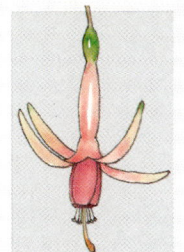

Es gibt 3 Blütenformen, je nach Anzahl der Kronblätter (Korolle).
Links: Einfache Blüte (4 Petalen), Sorte 'Mrs. Lovell Swisher'.
Mitte: Halbgefüllte Blüte (7 Petalen), Sorte 'Margaret'.
Rechts: Gefüllte Blüte (über 7 Petalen), Sorte 'Moonraker'.

tural Society). Sie gibt mit Buchstaben und Zahlenkombinationen genaue Anhaltspunkte. Auch diese sind jedoch mit Vorsicht zu genießen, denn die Farbwerte treffen wiederum nur für ein bestimmtes Alter einer Blüte genau zu.

Farbbezeichnungen in den Katalogen

In den Katalogen und Sortenlisten betrifft die zuerst genannte Farbe immer die äußeren Blütenblätter (Sepalen), die zweitgenannte die der Korolle. Die Checklisten geben detaillierte Auskunft über die Farbe
● des Tubus,
● der Sepalen im einzelnen vom Grund bis zur Spitze, wenn nötig der Ober- oder Unterseite,
● der Korolle vom Grund bis zum Rand,
● des Griffels und der Narbe,
● der Staubbeutel und der Staubfäden. Außerdem findet man noch Angaben zur Form des Fruchtansatzes. (Die Fachbegriffe finden Sie in der Zeichnung, Seite 8 erklärt.)

Die Belaubung

Das Aussehen einer blühenden Pflanze wird durch die Belaubung entscheidend geprägt. Blätter vermögen die Schönheit von Blüten hervorzuheben oder gänzlich zu unterdrücken.

Die Blattformen können bei Fuchsien unterschiedlich sein. Bei Hybriden überwiegen:
● Das mittel- bis dunkelgrüne langelliptische Blatt mit gesägtem Rand der handelsüblichen Sorten.
● Das samtige, etwas glattrandige längliche Blatt der *Triphylla*-Hybriden.
Die Blätter mancher Wildarten sehen hingegen gar nicht »fuchsientypisch« aus. Sie sind:
● Quirlständig in 3- bis 4er Formation, glänzend, mit leicht behaarten Rändern bei *Fuchsia magdalenae*.
● Farnartig und zierlich bei *Fuchsia microphylla* und *Fuchsia bacillaris*.
● Grün mit silbriger Unterseite bei *Fuchsia excorticata*.
● Eiförmig-rund und matt bei *Fuchsia procumbens*.
● Ganzrandig und glänzend bei *Fuchsia aborescens*.
● Glänzend dunkelgrün mit hellgrüner Unterseite bei *Fuchsia denticulata*.
● Samtig, großflächig und hellgrün bei *Fuchsia fulgens*.
Die Blattfarben reichen von Hell- bis Dunkelgrün und Rot. Ergänzend dazu gibt es verschiedene Mutationen in Weißgrün, Gelbgrün, Weiß-Rot-Grün, Gelb-Rot-Grün und Gelb.

Die Wuchsformen

Nur natürlich heranwachsenden Jungpflanzen sieht man an, wie sie sich noch entwickeln werden. Wenn die Pflanzen chemisch gestaucht, mehrmals entspitzt, angestäbt wurden oder zu dicht gestanden haben, ist dies häufig nicht mehr möglich. Außerdem kann durch Wassermangel, durch einen zu hellen Standort, durch Phosphorüberdüngung oder Spurennährstoffmangel Zwergwuchs hervorgerufen werden. Bei Fuchsien lassen sich diverse Wuchsformen unterscheiden, die eine Pflanze für die eine oder andere Gestaltungsform (zum Beispiel Busch, Ampel, Hochstämmchen und so weiter, → Seite 24 f.) besonders geeignet machen.
Es gibt:
• Starkwachsende, aufrechte Sorten.
• Kompaktwachsende, vieltriebige oder eher niedrige Sorten.
• Starkwachsende, überhängende Sorten.
• Elegant überhängende, viel- und weichtriebige Sorten.

Samen und Früchte

Die Größe der Fuchsienfrüchte variiert je nach Art oder Sorte zwischen der von Wacholderbeeren und der von Kirschen. Die Früchte sind grün, rötlich oder fast schwarz gefärbt. Sie sind fleischig und enthalten in vier Sektoren die einzelnen Samen, deren Zahl stark schwanken kann. Übrigens: Nicht alle Arten und Hybriden sind in der Lage, Samen zu bilden und zum Reifen zu bringen.
Fuchsienfrüchte sind grundsätzlich genießbar, jedoch im Geschmack sehr verschieden. Englische Fuchsienfreunde stellen aus den reifen Früchten Likör und Marmelade her. Auch Fuchsienkuchen ist bekannt.

'Arcadia' gedeiht besonders schön in Ampeln an halbsonnigen Standorten.

Mein Tip: Die Früchte schmecken am besten, wenn sie vollreif geerntet werden. Dunkle Früchte sind wohlschmeckender und geschmacksintensiver als helle. Ihr Geschmack ähnelt schwach dem von schwarzen Kirschen. Früchte vor dem Zubereiten gut waschen, Stengel- und Blütenansätze abschneiden und in Scheiben schneiden.

Rezept für Fuchsien-Gelee
● Zutaten: 1 kg reife Beeren, 1 kg Gelierzucker, Zitronensäure.
● So wird's gemacht: Beeren entsaften; Saft mit Gelierzucker und Zitronensäure verrühren und 10 Minuten aufkochen lassen.

Rezept für Fuchsien-Kuchen
● Zutaten für den Teig: 2 Tassen Mehl, 1 TL Backpulver, 1 Tasse Zucker, ½ Tasse Butter, 2 verquirlte Eier.
● Zutaten für den Belag: 2 ½ bis 3 Tassen in Scheiben geschnittene Fuchsienfrüchte, 2 TL Speisestärke, ¼ TL Zimt, ⅛ TL frisch gemahlene Muskatnuß, 2 EL Zucker.
● So wird's gemacht: Teig gut verkneten. Springform fetten und mit Teig auslegen. Gewürzte Fuchsienmasse obenauf geben. Bei 200 °C 30 bis 40 Minuten backen, bis Ränder leicht braun werden und die Früchte weich sind. Mit Schlagsahne servieren.

Rezept für Fuchsien-Dessert-Sauce
● Zutaten (für etwa zwei Tassen): 4 Tassen Fuchsienfrüchte (in feine Scheiben geschnitten) , ¼ Tasse Zucker, 1 TL Speisestärke, 1 ½ EL Zitronensaft, je ¼ TL Zimt und Nelke.
● So wird's gemacht: Zutaten zugedeckt leise köcheln lassen, bis die Früchte sehr weich sind. Leicht umrühren und warm oder kalt zu Eis oder Pudding servieren.

Ratschläge für den Fuchsienkauf

Bekannt ist die Fuchsie als fleißiger Blüher für halbsonnige bis schattige Plätze im Garten, auf dem Balkon und der Terrasse. Aber es gibt auch Winterblüher, sonnenliebende Arten und Sorten und sogar winterharte Fuchsien. Alle gedeihen ohne allzu großen Pflegeaufwand prächtig, wenn der Standort stimmt. Ist der Platz nicht optimal, läßt er sich durch kleine Kniffe leicht verbessern.

Der ideale Standort

Fuchsien sind Waldbewohner. In ihrer Heimat (→ Seite 6) leben sie in humusreichen, wasserdurchlässigen Böden und sind ständig von frischer Luft, hoher Luftfeuchte und gefiltertem, sanftem Licht umgeben. Wer diese Lebensbedingungen annähernd imitiert, wird mit Fuchsien immer Glück haben. Die besten Plätze sind:
● Nach Osten gelegene Balkone oder Terrassen mit Morgensonne.
● Südwest-, West- oder Nordwestseiten mit Nachmittagsbeziehungsweise Abendsonne.
● Vorgärten, die nicht rund um die Uhr besonnt sind.
● Pflanzstreifen an Ost- und Westseiten des Hauses.
● Beete mit Halbschatten oder schattenspendenden höheren Nachbarpflanzen.
● Nordseiten – allerdings nur, wenn das Licht frei und unverstellt einfallen kann.
Geben Sie Fuchsien aber nie einen zu dunklen Platz. Sie werden dort zwar wachsen, aber nur wenig Blüten bringen.

Plätze, die nicht optimal sind

Ungeeignete Standorte wirken sich sichtbar auf Wachstum und Gesundheit einer Fuchsie aus. Sie begünstigen Krankheiten und Schädlingsbefall, führen zur Vergeilung, zur Verkahlung und zum Blattfall.
Nicht geeignet für Fuchsien sind:
● Heiße Standorte mit trockener und gestauter Luft.
● Zugige Balkone.
● Geschlossene Räume.
Selbst die sonnenliebenden *Triphylla*-Hybriden kommen ohne ein gutes Maß an Luft- und Bodenfeuchte nicht aus.

Standortverbesserungen

Keine Angst, wer Fuchsien mag, kann auch weniger günstige Standorte so verändern, daß sie den Ansprüchen der Pflanzen genügen. Oft sind nur ein paar kleine Handgriffe oder wenige Hilfsmittel nötig, von denen zusätzlich auch die grünen und blühenden Nachbarn der Fuchsien profitieren können.

Windschutz

Fuchsien schätzen zwar eine luftige, aber keineswegs eine zugige Umgebung. Außerdem brechen bei zu starkem Wind ihre Triebe leicht ab. Sorgen Sie darum auf Balkonen, windigen Terrassen oder an zugigen Hauswänden für Windschutz. Dafür eignen sich:
- Luftdurchlässige Verkleidungen oder Sichtschutzmatten.
- Mit Kletterpflanzen dicht bewachsene mobile Stellwände (im Fachhandel erhältlich).
- Eine Gruppe aus Nachbarpflanzen, die den ersten Windstoß abfängt und mildert.

Im Beet sind Fuchsien am besten gegen Wind gewappnet, wenn man sie zwischen verschieden hohe und breite Immergrüne pflanzt, die Windböen abbremsen. Auch Mischpflanzungen von Büschen und verschieden hohen Stämmchen geben gegenseitig Schutz.

Schattierung

Sie ist von größter Wichtigkeit, wenn Sie Sorten kultivieren möchten, die sehr sonnenempfindlich (→ Tabelle, Seite 13) sind, oder wenn Sie für die Pflanzen nur einen besonnten Platz haben. Fuchsien, die in unbeschatteten Wintergärten oder Kleingewächshäusern gehalten werden, brauchen gute Schattenspender, zum Beispiel:
- Rankgerüste mit Kletterpflanzen.
- Synthetische Schattiergewebe und Schattiermatten für die Gewächshauskultur (außen am Gewächshaus anbringen!).
- UV-beständige Vorhänge, Jalousien oder helle Rollos für Wintergärten.

Wichtig: Wer auf der Fensterbank selbst Fuchsien herangezogen hat, muß die Jungpflanzen schon ab Mitte April über Mittag vor Sonne schützen. Ziehen Sie zwischen 12 und 15 Uhr Rollo, Jalousie oder Rolladen etwas herunter, oder bedecken Sie die Pflanzen mit Seidenpapier oder einem lichtdurchlässigen, dünnen Tuch.

Erhöhung der Luftfeuchte im Freien

Sie ist kein Muß bei Fuchsien, die draußen halbschattig stehen und regelmäßig gegossen werden. Ausnahme: Sommer mit langen Hochdruckperioden.
An weniger günstigen Standorten empfehlen sich zur Verbesserung des Kleinklimas folgende Maßnahmen:
- Tägliches Abduschen morgens und abends, nie bei voller Sonne, da sonst Blatt- und Blütenverbrennungen entstehen können.
- Feuchtespender in unmittelbarer Nähe, zum Beispiel Sprudelsteine, Springbrunnen, Wasserbecken.
- Großlaubige Nachbarpflanzen, die viel Wasser verdunsten (allerdings auch brauchen).
- Unterpflanzungen, die den Boden vor dem Austrocknen schützen (bei Beet-Fuchsien und Hochstämmchen).

- Eine etwa 5 cm dicke Mulchschicht aus Rasenschnitt, Strohhäcksel, verrottetem Kompost oder Rinde (bei Beet-Fuchsien), damit das Substrat nicht austrocknet.

Mein Tip: Säen oder pflanzen Sie unter Hochstämmchen, die im Kübel stehen, im April niedrige Lobelien. Sie bilden bald einen dicken, leicht überhängenden Teppich aus blauen Blüten, der nicht nur wunderschön mit den Blütenfarben der Fuchsien harmoniert, sondern gleichzeitig auch die Erde länger feucht hält.

Erhöhung der Luftfeuchte drinnen

So gedeihen Fuchsien auch im Gewächshaus, im Wintergarten und im Zimmer:
Im Gewächshaus nebelt man an heißen Sommertagen die Pflanzen und ihre Umgebung morgens satt ein. Danach viel frische Luft durchziehen lassen! Auf diese Weise werden Luftfeuchte und Verdunstungskälte in einem Arbeitsgang erzeugt.

Fuchsien für den kleinen Balkon

Aufrechtwachsende Fuchsien

Sortenname	Blütenfarbe (Sepalen/Korolle)
'Happy'	rot/blauviolett
'Lady Thumb'	rot-weiß/rosa geadert
'Larissa'	weiß/pink
'Minirose'	weiß/rotviolett
'Robert Stolz'	rot/purpur
'Tom Thumb'	rosa/purpurviolett

Hängende Fuchsien

'Elfriede Ott'	altrosa/dunkelrosa
'Harry Gray'	weiß/weiß
'La Campanella'	weiß mit rosa Schimmer/purpurviolett
'Lisi'	weiß/violett
'Postiljon'	weiß mit grünen Spitzen/violett
'Wiebke Becker'	weiß

Fuchsien-Jungpflanzen über-sprühen Sie täglich vormittags und stellen sie auf eine 2 bis 3 cm dicke Sandschicht oder eine Kapillar-matte, die ständig feucht gehalten wird.

Im Wintergarten werden die Pflanzen täglich eingenebelt.

Bei Zimmerkultur können Sie zur Erhöhung der Luftfeuchte die Fuchsien ebenfalls täglich besprühen. Weitere Möglichkeiten:
- Schalen mit Wasser zwischen die Fuchsientöpfe stellen.
- Den Zwischenraum zwischen Übertopf und Fuchsientopf (er muß aber aus Ton sein) mit Torf füttern, der ständig feucht gehalten wird.
- Die Töpfe auf eine Schale mit Sand oder Blähton stellen, die ebenfalls immer feucht sind.

Wichtig: Im Zimmer trocknen besprühte Pflanzen nie so schnell ab wie draußen. Besprühen Sie sie nicht erst gegen Abend, denn Blätter und Blüten sollen trocken in die Nachtruhe gehen.

Mein Tip: Nehmen sie zum Besprühen immer kalkfreies Wasser, damit sich auf Blättern, Blüten und Scheiben kein unschöner Kalkbelag niederschlägt.

Welche Fuchsie für welchen Standort?

Wer sich auf dem Markt oder im Blumenladen in eine unbekannte Fuchsie verliebt, muß kein Botaniker sein um herauszufinden, welchen Standort sie braucht. Sie sagt es schon auf den ersten Blick durch ihr Aussehen.

Grundsätzlich gilt: Je großflächiger und weicher das Blatt, je gefüllter und größer die Blüte, desto schattiger muß der Standort im Sommer sein. Weiße Sorten ver-färben sich bei zuviel Sonne rosa.

Fuchsien für Balkon und Terrasse

Hier ist die Auswahl geradezu berauschend. Achten Sie beim Kauf aber nicht nur auf schöne Blüten, sondern auch auf die Wuchsform. Sie gibt Auskunft darüber, welches Gefäß Sie dafür brauchen. Starkwachsende, aufrechte Sorten sehen am besten aus, wenn man sie als Einzelpflanzen in geräumige Gefäße gibt.
Kompaktwachsende, vieltriebige und eher niedrige Sorten sind das Richtige für Schalen und Kästen. Starkwachsende, überhängende Sorten nimmt man für wuchtige Ampeln.
Elegant überhängende, viel- und weichtriebige Sorten für Kästen, freistehende Bodenschalen, Säulen und kleinere Ampeln.

Mein Tip: Wenn Sie nur einen kleinen Balkon haben, wählen Sie Sorten, die sich nicht zu ausladend entwickeln (→ Tabelle, Seite 12).

Fuchsien für den Garten

Lassen Sie sich von der Sorten-vielfalt inspirieren (→ Zauberhafte Fuchsien, Seite 43 bis 59). Ob reine Fuchsienbeete oder Mischpflanzun-gen – erlaubt ist, was gefällt. Kom-binationen mit Hochstämmchen und Buschfuchsien bringen Ab-wechslung und gegenseitigen Schutz. Wer Fuchsien mit Stauden oder Sommerblumen kombiniert oder vor Gehölze pflanzt, braucht allerdings gestalterisches Geschick und etwas Sortenkenntnis. Fuch-sien sind durch ihre eigenwillig geformten und mehrfarbigen Blüten sehr dominierend. Nachbar-pflanzen in ruhigen Grüntönen, Koniferen, Laubgehölze, Gräser und ruhige Rasenflächen ordnen sich am besten unter oder bilden einen guten Hintergrund. Ein-farbige Stauden und Sommerblu-men in Weiß, Rosa oder Blau heben die Farbtöne der Fuchsienblüten hervor.

Fuchsien und Sonnenverträglichkeit

Fuchsien, die Sonne vertragen

Merkmale	Fuchsiensorten
Traubenblütige Fuchsien mit leicht behaarten und oft rot eingefärbten Blättern	'Thalia', 'Koralle' 'Göttingen' 'Elfriede Ott'
Fuchsien mit lederartigen, schmalen Blättern und vielen kleinen Blüten	'Happy', 'Little Beauty' 'Tom Thumb' 'Liebreiz'
Fuchsien mit orangefarbenen Blüten	'Groenekan's Glorie', 'Walz', 'Parasol', 'Orange Flair', 'Chang'
Hängende oder aufrecht wachsende Sorten mit mittelgroßen Blüten	'Archievement', 'Joy Patmore', 'La Campanella', 'Lisi', 'Kwintet'

Fuchsien, die kaum Sonne vertragen

Weiße Blüten	'Flying Cloud', 'Sleigh Bells' 'Annabel', 'Ann H. Tripp'

Mein Tip: Denken Sie bei der Planung Ihres Gartens daran, daß Fuchsien in der Regel nicht winterhart sind. Pflanzen Sie Ihre Fuchsien also so ein, daß Sie sie ohne viel Aufwand im Herbst ausgraben und ins Winterquartier (→ Überwinterung, Seite 34 ff.) bringen können.

Winterharte Fuchsien

Diese liebenswerten Sträucher fügen sich herrlich in Staudenbeete oder Gehölzstreifen ein und vertragen auch volle Sonne, wenn man durch Mulchen für einen kühlen Fuß sorgt. Ihre Blütezeit beginnt im Hochsommer und dauert bis zu den ersten Nachtfrösten.

Während sie in maritimen Regionen auch im Winter kaum zurückfrieren, verhalten sie sich in unserem kontinentalen trockenkalten Klima wie Stauden: Die oberirdischen Teile erfrieren. Im Frühjahr treibt der Wurzelstock neu aus. An warmen, sonnigen Standorten erreichen die Pflanzen dann je nach Art und Sorte eine Höhe bis 1,5 m.

Mein Tip: Pflanzen Sie winterharte Fuchsien 5 cm tiefer als normal und geben Sie ab Dezember Frostschutz wie bei Rosen.

Fuchsien für Gewächshaus und Wintergarten

Ob Sommer oder Winter – Fuchsien gedeihen in diesen Glasbauten nur, wenn für die richtige Temperatur gesorgt werden kann. Zur Überwinterung der Pflanzen (→ Seite 34 ff.) reichen 5 °C, zum Heranziehen von Jungpflanzen brauchen Sie jedoch 15 °C.

Wer sich im Winter blühende Fuchsien wünscht, kann einige der *Triphylla*-Hybriden kultivieren, oder zu *Fuchsia speciosa, Fuchsia arborecens*, 'First Success' oder 'Miep Aalhuizen' greifen.

Ideal sind Tagestemperaturen von 15 °C und Nachttemperaturen von 8 bis 10 °C.

Fuchsien fürs Zimmer

Fuchsien sind als Zimmerpflanzen nicht ganz unproblematisch. Die Lebensbedingungen in den Wohnräumen haben sich in den letzten Jahrzehnten so verändert, daß eine blühend gekaufte Fuchsie dort meist nur einige Tage bezaubernd anzusehen ist. Dann fallen Blätter und Knospen. Grund: Der Pflanze fehlen frische Luft, nachts stark absinkende Temperaturen und eine Luftfeuchte von mindestens 70%. Wer noch Räume mit zugigen, nicht isolierten Fenstern besitzt, kann den Versuch unternehmen, dort kleinblütige Sorten bis zur Blüte heranzuziehen.

Wo Sie Fuchsien kaufen können

Noch nie war das Angebot so reichhaltig wie zur Zeit! Das verdanken wir emsigen Fuchsiengärtnern, -sammlern und den begeisterten Liebhabern, die sich zu einer Gesellschaft (→ Adressen, Seite 62) zusammengeschlossen haben und immer wieder aufregende neue Sorten aus dem In- und Ausland mitbringen. Da sich nicht alle für den Massenanbau eignen, sollten Sie verschiedene Einkaufsquellen ansteuern – vor allem, wenn Sie sich mit den wenigen gängigen Sorten nicht zufrieden geben wollen.

Das Blumengeschäft: Während der Hauptpflanzzeit von Mitte Mai bis Mitte Juni hält Ihr Florist geeignete Beet- und Balkonsorten sowie ausgesuchte Solitärpflanzen und Ampeln bereit. Er kann täglich sein Angebot durch Zukauf ergänzen und ist auch in der Lage, auf Bestellungen schnell zu reagieren.

Die Gärtnerei: In jedem größeren Wohnort gibt es mindestens eine, die Fuchsien heranzieht und in unterschiedlichen Wachstumsstadien bereithält. In der Regel präsentiert der Gärtnermeister ein umfangreiches Sortenangebot und ist in der Lage, Sie bestens zu beraten. Außerdem kann man die Pflanzen gleich mitnehmen, bekommt sie fachgerecht in die geeigneten Gefäße gepflanzt und erhält noch einen Pflegeplan dazu.

Die Gartencenter: Sie sind in der Lage, große Mengen preiswert anzubieten. Ob die Sortenpalette vielseitig ist, hängt allerdings von der jeweiligen Verkaufspolitik ab. Botanische Raritäten findet man hier selten. Dafür aber kann man beim Kauf großer Mengen üblicher Sorten für die Beetbepflanzung oft viel Geld sparen. Ein weiterer Vorteil ist das große Angebot an Pflanzgefäßen, Erden, Pflanzenschutzmitteln und Literatur.

Der Versandhandel: Über ihn können Sie meist nur wenige, dafür aber oft ausgesucht schöne Sorten beziehen. Da nichtblühende Pflanzen verschickt werden, muß man schon im März/April bestellen. Unter Ihrer Obhut wachsen die Neuerwerbungen dann, bis sie ab Mitte Mai die Pflanzgröße erreicht haben und zum ersten Mal blühen.

Spezialgärtnereien mit Versandservice: Diese Betriebe (→ Adressen, Seite 63), von Liebhabern und Sammlern geführt, beschränken sich nur auf Fuchsien und sind daher in der Lage, 300 bis 1500 Sorten anzubieten. Versandt werden die Pflanzen ungestutzt, mit 5 bis 8 cm großen Topfballen und je nach Sorte in einer Höhe von 5 bis 20 cm. Daher sind sie auch besonders zur Erziehung eines Hochstämmchens oder als Solitärpflanze geeignet. Die Versandzeit läuft von März bis Juni. Darüberhinaus besteht die Möglichkeit, die Gärt-

'Checkerboard'

'Gartenmeister Bonstedt'

'Brutus'

'Royal Velvet'

'Covergirl'

'Petit Point'

nereien bis zum Herbst zu besuchen und dort direkt einzukaufen.

Regionale Ausstellungen: Hier stellen private Sammler und Liebhaber Pflanzen zur Schau. Sie finden dort oft traumhaft schöne oder ausgefallene Sorten und können ausgiebig mit engagierten Fuchsienliebhabern Erfahrungen austauschen.

Zeitpunkt für den Kauf

Nach den Eisheiligen, Mitte Mai, beginnt die Pflanzzeit für Fuchsien im Freien. Wer Solitärpflanzen heranziehen oder die Gefäße vorzeitig bepflanzen möchte, bekommt auch schon vor diesem Termin gut verzweigte Jungpflanzen. Er muß sie aber im Haus hell, kühl und luftig aufstellen.

Worauf Sie beim Fuchsienkauf achten sollten

Gesunde Pflanzen wählen. Gesundheit ist Voraussetzung für gutes Wachstum und üppige Blütenentwicklung.

● Achten Sie auf strahlende Blüten- farben und mattglänzende, fehler- lose Blätter in nicht zu weiten Abständen.

● Fleckige Blätter, vor allem am Stengelgrund, signalisieren Pilzbefall.

● Schauen Sie auch unter die Blätter, dort können sich Schädlinge (wie die Weiße Fliege) verbergen.

● Die Pflanze soll kompakt gewachsen sein.

● Die Triebspitzen müssen voll mit Knospen besetzt sein.

● Die Wurzeln müssen fest und weiß aussehen.

Im Vordergrund Hängesorte 'Texas Longhorn', dahinter Sorte 'Happy'.

An den romantischen Lake District erinnert die Fuchsie 'Ullswater'.

Auf Sortenbezeichnung achten. Sie gibt Auskunft über Herkunft, Blütenfarbe und Verwendungsmöglichkeit einer Fuchsie. Oft werden die Angaben durch wertvolle Pflanzenschutzhinweise und Pflegetips ergänzt. Leider sind nur Liebhabersorten mit diesem »Etikett« ausgestattet. Bei Massensorten müssen Sie Namen, Eigenschaften, Wuchshöhe und Blütenfarbe der angebotenen Sorte erfragen.

Richtig transportieren und erste Pflege

Fuchsien transportieren Sie am besten in Paletten oder Kartons dicht an dicht stehend. Hängefuchsien packt man einzeln in große Zeitungsbogen ein. Sie lassen sich so auch liegend transportieren. Alle Fuchsien, auch jene, die mit der Post kommen, werden zu Hause vorsichtig ausgepackt und an schattiger Stelle locker in Kisten aufgestellt. Leichtes Überbrausen erfrischt die matten Triebe schnell. Nach 2 bis 3 Tagen dürfen die Pflanzen umgesetzt oder eingepflanzt werden. Ins Freie kommen sie jedoch erst nach den Eisheiligen. Hat sich im Paket Grauschimmel gebildet, behandelt man die Pflanzen mit einem Fungizid (→ Seite 29) und stellt sie trocken, nicht zu dicht und geschützt auf.

Mein Tip: Fuchsien brauchen frische Luft. Lassen Sie sie niemals in geschlossenen Räumen. Die Pflanzen verlieren darin rasch Blätter und Knospen.

Fuchsien erfolgreich pflegen und formen

Einpflanzen, Gießen, Düngen, ein bißchen Schönheitspflege – mit Fuchsien hat man nicht viel Arbeit, wenn man weiß, wie's gemacht wird und was sie mögen. Wer Spaß am Gestalten hat, kann im Frühjahr und Sommer Jungpflanzen zu üppigen Büschen, malerischen Hochstämmchen, Pyramiden, Spalieren oder sogar zum Bonsai erziehen. Bei den vitalen Fuchsien geht's besonders schnell.

Die passenden Gefäße

Wer Fuchsien nicht ins Beet pflanzt, muß die Gefäße sorgfältig auswählen. Von ihrer Größe und Beschaffenheit hängen Wuchs- und Blühfreudigkeit genauso ab wie vom richtigen Substrat.
Wichtigste Voraussetzung: die Abzugslöcher. Fuchsien vertragen keine Staunässe. Außerdem sollten die Kästen nicht zu klein sein, mindestens aber 20 cm tief und ebenso breit.
Holzgefäße lassen Fuchsien ländlich-rustikal wirken. Man muß sie aber 5 Monate vor Benutzung mit einem pflanzenverträglichen Holzschutzmittel behandeln. Damit der Boden nicht fault, stellen Sie die Gefäße am besten auf zwei kräftige Kanthölzer oder Ziegelsteine. So kann Luft darunter zirkulieren.
Tongefäße, zum Beispiel aus Terrakotta, Majolika oder Keramik, sehen zu Fuchsien nicht nur besonders exquisit aus, sie sind durch ihr Eigengewicht auch standfest.
Nachteil: Sie bekommen Kalk-Ausblühungen (Ausnahme: glasierte Keramik) und gehen leicht zu Bruch. Zudem trocknen darin die Pflanzen schneller aus.
Eternitgefäße und ähnlich industriell hergestellte Behälter aus asbestfreiem Zement- oder Glasfasermaterial sind gut zu gebrauchen, bruchfest, standsicher und lange haltbar.
Kunststoffgefäße sind leicht zu reinigen, in allen Größen, vielen Farben und Formen erhältlich und wiegen wenig (wichtig beim Einräumen im Herbst). Sie sollten aber doppelwandig sein, damit sie sich bei starker Sonnenbestrahlung nicht zu sehr aufheizen. Dies kann zu Schädigungen der Wurzeln führen.
Nachteil: Kunststoffgefäße sind oft nicht standsicher genug, weil sie zu wenig Eigengewicht haben. Bedenken Sie nur, welche Standfestigkeit ein ausgewachsenes Hochstämmchen benötigt, wenn es in luftigen Höhen von Balkon oder Terrasse Wind und Wetter ausgesetzt ist.
Gefäße aus Kupfer oder Messing sind gut geeignet, müssen aber mit einer kräftigen Folie ausgekleidet werden, da sie oxidieren. Für Wasserabzug sorgen!

Mein Tip: Füllen Sie bei sehr großen und tiefen Gefäßen zuerst eine Drainageschicht aus Sand, Blähton oder Kies ein, bevor Sie die Pflanzerde hineingeben. Das macht vor allem Solitärpflanzen auch standsicherer.

Das richtige Substrat

Die Pflanzerde heißt in der Gärtnersprache Substrat und ist bei der Gefäßkultur deshalb so wichtig, weil hierbei die Pflanze mit einer begrenzten Erdmenge auskommen muß, und die Wurzeln sich nicht so frei entfalten können wie im Beet.
Ein gutes Substrat muß wie ein guter Gartenboden sein: Luftig, humos, wasserdurchlässig, aber gleichzeitig auch wasserhaltend. Es muß ferner eine ausgewogene Mischung aus organischen und anorganischen Substanzen enthalten. Bestandteile eines guten Substrats sind:
● Grober, wenig zersetzter Weißtorf.
● Feiner, stark zersetzter Schwarztorf.
● Humose, lehmige Gartenerde.
● Abgelagerter, dreijähriger Kompost.
● Rindenhumus.
● Scharfer Sand oder andere Stoffe, die Staunässe vermeiden und lockern wie Styromull, Hygromull, Perlite, Blähton.

Der pH-Wert

Der pH-Wert gibt den Säuregehalt der Erde an. Fuchsien lieben schwach saures bis neutrales Substrat mit einem pH-Wert zwischen 6 und 7. In zu sauren oder zu alkalischen Böden sind zu viele Nährstoffe für sie blockiert. Zur Messung des pH-Wertes gibt es einfaches Lackmuspapier (in Apotheken erhältlich), Pehameter oder elektronische pH-Messer (im Gartenfachhandel zu beziehen). In der Regel

Abzugsloch mit Tonscherbe abdecken, darüber 2 bis 3 cm dicke Dainageschicht aus Kies, Blähton oder Tonscherben. Soviel Erde einfüllen, daß Fuchsie genauso tief sitzt wie im alten Topf; 2 cm Gießrand nach oben lassen. Restliche Erde einfüllen und andrücken, Haltestab anbringen.

ist Torf zu sauer. So hat zum Beispiel Weißtorf einen pH-Wert von 4 bis 4,5, während der von Schwarztorf unter 4 liegt. Um Weißtorf zu neutralisieren, mischen Sie 3 bis 3,5 g kohlensauren Kalk pro Liter feuchten Torf unter, bei Schwarztorf fast die doppelte Menge.

Selbsthergestellte Substrate
Gartenbesitzer machen sich gern ihre Erden selbst. Hier einige erprobte Mischungen:
Rezept 1
1 Teil Gartenerde (humoser Lehmboden)
2 Teile Weißtorf
1/10 Teil kalkfreier Flußsand (im Baustoffhandel erhältlich)
3 bis 3,5 g kohlensaurer Kalk pro l Erde
1,5 bis 3 g Volldünger pro l Erde oder Langzeitdünger nach der auf der Packung angegebenen Dosierung (Osmocote, Triabon, Plantosan)
Rezept 2
6 Teile Komposterde
2 Teile Lehm
10 Teile Torf
1,5 Teile Sand
1,5 bis 3 g Volldünger oder Langzeitdünger pro l Erde.
3 bis 3,5 g kohlensauren Kalk pro l Erde.

Mein Tip: Beide Mischungen werden noch besser durch Zugaben von Blähton, Styromull oder Perlite (bis zu 20 %). Bei Mischungen mit wenig Gartenerde- oder Kompostanteilen muß ein Mikronährstoffdünger wie zum Beispiel Radigen (10 g pro 100 l Erde) sorgfältig zugemischt werden.

Substrate zum Kaufen
Bei den industriell hergestellten Erden unterscheidet man zwischen Billigerde, die meist aus Schwarztorf besteht und Gärtnererde, die Weißtorf, Schwarztorf, Ton, Rindenhumus und Lockerungsstoffe wie Styromull oder Sand enthält. Empfehlenswerte Fertigsubstrate sind:
• TKS 1, Floraton 1 und Einheitserde P – für Anzuchten und Jungpflanzen
• TKS 2, Floraton 2 und Euflor Plantahum – zum Pflanzen in Kästen und Kübel
• Einheitserde Typ T und Einheitserde ED 73 mit Langzeitdünger – zum Pflanzen in Gefäße.

Bodenverbesserung im Garten

Durch Zusätze von Humus, Nährsubstanzen und Lockerungsstoffen lassen sich nicht so optimale Gartenböden verbessern.
Kalkreiche Böden (pH-Wert über 7) neutralisiert man durch Einarbeiten von Torf.
Saure Böden (pH-Wert unter 5,5) werden durch Untermischen von kohlensaurem Kalk oder Gesteinsmehl ausgeglichen.
Sandböden, die arm an Nährstoffen und sehr wasserdurchlässig sind, reichert man mit gut verrottetem Stallmist, Torf oder Rindenhumus an. Zur besseren Wasserspeicherung Hygromull untermischen!
Mittelschwere Lehmböden durch Zugabe von Torf, verrottetem Stallmist und Rindenhumus verbessern. Zur besseren Durchlüftung arbeitet man Styromull ein.
Schwere Tonböden müssen drainiert werden, damit keine Staunässe entsteht. Dazu wird der Boden gut 20 cm tiefer als sonst umgegraben und die Erde mit Torf, Stallmist oder Rindenhumus gelockert. Scharfer Sand, Perlite oder Blähton sorgen für dauerhafte Durchlässigkeit.

Düngen muß sein

Fuchsien benötigen wie alle üppig blühenden und vital wachsenden Pflanzen regelmäßige, wohldosierte Düngergaben.
Die drei goldenen Düngeregeln:
• Nur während der Wachstumszeit düngen, also vom Frühjahr bis zum Spätsommer. Dann das Düngen langsam einstellen, damit das Holz ausreifen kann.
• Lieber öfter und niedriger dosiert als selten und hochkonzentriert düngen.
• Nie auf trockene Erde und in voller Sonne düngen.

Mein Tip: In Geschäften für Küchenbedarf gibt es Meßlöffel in verschiedenen Größen. Sie können beim Abmessen von niedrigdosierten Düngergaben hilfreich sein.

Die wichtigsten Nährstoffe

Das Kürzel dafür findet sich auf jeder Düngerpackung: NPK! N steht für Nitrogenium (Stickstoff), P für Phosphor und K für Kalium. Das sind die 3 Hauptbestandteile eines jeden Volldüngers. Darüberhinaus braucht die Fuchsie weitere Minerale und einige Spurenelemente: Kalzium, Schwefel, Eisen, Molybdän, Magnesium, Bor, Mangan und Zink. Die Hauptnährstoffe NPK sind in den Düngern in unterschiedlicher Konzentration enthalten, zum Beispiel: NPK 14:10:14, das bedeutet: Dieser Dünger enthält 14 Teile N (Stickstoff), 10 Teile P (Phosphor), 14 Teile K (Kalium). Das wäre zum Beispiel das richtige Nährstoffverhältnis während der Hauptwachstumszeit. Wie der Dünger beschaffen sein sollte, den Sie gerade geben, hängt vom Vegetationsstadium der Pflanze ab. Zum Aufbau von Blättern und Trieben im Frühjahr braucht die Pflanze einen stickstoff- und kalibetonten Dünger mit wenig Phosphor.

Zur Blüten- und Knospenbildung im Sommer soll das Angebot an Phosphor und Kali überwiegen. Zur Holzreife im Spätsommer ist vor allem Kali vonnöten. Wichtig: Stecklinge, die noch Wurzeln bilden müssen, dürfen nicht gedüngt werden.

Die Grunddüngung

Sie ist als Starthilfe gedacht. Man mischt sie vor dem Pflanzen unter die Erde beziehungsweise das Pflanzsubstrat. Bei Beet-Fuchsien kann die Grunddüngung aus Langzeitdünger (Dosierung nach Angaben auf der Verpackung) oder 100 g mineralischem Volldünger (plus 150 g kohlensaurem Kalk bei saurem Boden) pro Quadratmeter bestehen. Wer organischen Volldünger vorzieht, wählt einen mit Kalimagnesia und arbeitet 150 bis 200 g pro qm ein. Bei Fuchsien in Gefäßen (ganz gleich, ob Sie Töpfe, Kästen oder Kübel gewählt haben) reichert man die Pflanzerde mit einem Langzeitdünger an (Osmocote, Triabon, Plantason). Die Düngekügelchen geben die Nährstoffe über mindestens 10 Wochen kontinuierlich an die Pflanze ab (Dosierungsangaben auf den Verpackungen genau beachten).

Ampeln nachbinden.
Bei flach über den Topfrand hängenden Sorten verschönern Sie die Form durch Hochbinden oder Abstützen von Trieben in Ampelmitte.

Mein Tip: Achten Sie bei organischen Düngern vor allem darauf, daß ein entsprechender Anteil Kalimagnesia enthalten ist, da die Pflanzen sonst leicht mastig und blühfaul werden. Wenn Sie einen milden Stickstoff-Langzeitdünger schätzen, arbeiten Sie grobe Hornspäne in den Boden ein. Bei mineralischen Langzeitdüngern müssen Sie auf die Wirkungsdauer achten, die 3 bis 9 Monate anhalten kann.

Die Nachdüngung

Sie erfolgt, wenn der eingemischte Dünger fast verbraucht ist, also nach 1 bis 3 Monaten und kann auf verschiedene Arten geschehen:
● Mit in Wasser gelösten mineralischen Düngern. Nehmen Sie aber nicht mehr als 2 g oder 2 ml pro l und düngen Sie während der Hauptwachstumszeit zweimal wöchentlich. Zeigen sich Knospenansätze, reicht eine wöchentliche Düngung.
● Durch Aufstreuen von organischen Düngern (wie Hornoska, Oscorna), mineralischen Düngern oder Langzeitdüngern.

Durch Entspitzen buschiger Wuchs und mehr Blüten.

Sobald sich 3 Blattpaare gebildet haben, oberstes abknipsen. Triebknospen in den Blattachseln (schlafende Augen) beginnen zu treiben. Entwicklung von Seitentrieben, die wieder nach dem 3. Blattpaar entspitzt werden. Fuchsien blühen an Triebspitzen.

- Durch Blattdüngung. Pflanzen mit schwachen oder kranken Wurzeln lassen sich auch über das Blatt ernähren. Man spritzt, wenn erforderlich täglich, mit 1,5 ‰igen Lösungen (das sind 15 ml auf 10 l Wasser).

Fuchsien in Gefäße pflanzen

Bevor Sie beginnen, müssen Sie einige Vorbereitungen treffen:
- Neue Gefäße wässern, damit Schadstoffe ausgewaschen werden und sich der Topf mit Wasser vollsaugen kann.
- Gebrauchte Gefäße gründlich schrubben, mit klarem Wasser nachspülen und an der Sonne trocknen.

Und so wird gepflanzt (→ Zeichnung, Seite 18):
- Wasserabzugsloch mit Tonscherben abdecken.
- Bei sehr großen und tiefen Gefäßen eine Drainageplatte oder -schicht aus Blähton, Topfscherben oder Kies einfüllen. Darüber eine dünne Matte aus Vlies, Batist oder Leinen geben, damit die Drainageschicht nicht durch Erde verschmutzt.
- Beschädigte Triebe der Fuchsien abschneiden, zu lange Triebe einkürzen, Verblühtes entfernen.
- Einen Teil des Pflanzsubstrats ins Gefäß geben. (Ist die Erde ausgetrocknet, muß sie angefeuchtet werden.) Darauf dann die Fuchsie setzen. Der Wurzelhals darf dabei nicht tiefer in der Erde sitzen als zuvor im Anzuchttopf.
- Erde rundherum gleichmäßig einfüllen, leicht andrücken. 1 bis 2 cm Gießrand lassen.
- Gründlich angießen.
- Höhere Pflanzen mit einem Stab aus kunststoffummanteltem Stahl oder Bambus stützen.

Der richtige Pflanzabstand

Von Wuchsform und Sorteneigenschaften hängt es ab, ob Sie weit oder dicht pflanzen können. Allgemein gelten Pflanzabstände zwischen 25 und 35 cm. Grundsätzlich braucht der Ballen im neuen Gefäß rundherum 2 Finger breit neue Erde.

In kleine Ampeln (etwa 16 cm Durchmesser) setzt man 1 Pflanze, in größere (ab 25 cm Durchmesser) 3 Pflanzen.

Bei großen Gefäßen wählt man üppige Sorten wie 'Checkerboard', 'Celia Smedley', 'Kwintet', 'Charming'. 'Groenekan's Glorie', 'Billy Green' und 'Göttingen'.

Fuchsien ins Beet pflanzen

Pflanzen Sie die Fuchsien in den vorbereiteten Boden mit angefeuchteten Wurzelballen genauso tief ein, wie sie vorher im Topf saßen. Leicht andrücken, rundherum eine Gießmulde lassen und zweimal durchdringend mit der Brause angießen. Dann die Gießmulde mit trockener Erde zuziehen. Mit Solitärpflanzen haben Sie folgende Möglichkeiten:
- In die Erde einpflanzen. Vorteil: Die Fuchsie hat viel Platz um die Wurzeln, muß nicht so oft gegossen werden und wird recht kräftig. Nachteil: Zur Überwinterung (→ Seite 34) muß sie nicht nur ausgegraben, sondern auch eingetopft werden, was nicht ganz einfach ist, wenn sich die Wurzeln stark entwickelt haben.
- In Container pflanzen und diese einsenken. Vorteil: Die Fuchsie wird zur Überwinterung mitsamt dem Container ausgegraben. Das erspart den Arbeitsgang des Austopfens (beim Eingraben) und Eintopfens (beim Ausgraben). Nachteil: Der Raum für die Wurzeln ist beschränkt.
- In Draht- oder Kunststoffkörbe

geben und damit einpflanzen. Vorteil: Die Wurzeln können durch das Geflecht hindurchwachsen und ihren Lebensraum vergrößern. Die Fuchsie wird mitsamt dem Korb zur Überwinterung ausgegraben und in einen Übertopf gestellt – man erspart sich also auch das Eintopfen.

Die Kunst des Gießens

Wie oft und wieviel gegossen wird, hängt von vielen Faktoren ab. Grundsätzlich gilt für Fuchsien:
- Immer durchdringend wässern, nie nur die Oberfläche benetzen.
- Im Frühjahr und Herbst morgens gießen, damit das Laub bis zum Abend abtrocknen kann.
- Überschüssiges Wasser in Untersetzern stets entfernen – Staunässegefahr.

Bedenken Sie auch, daß bei zu dichter Bepflanzung fast kein Regenwasser zum Boden durchdringt. Machen Sie darum regelmäßig die Fingerprobe, das heißt: Testen Sie mit dem Finger, ob sich die Substratoberfläche noch feucht anfühlt. Außerdem: Bei einem Temperaturwechsel von kühl/regnerisch auf trocken/sonnig können die Pflanzen schnell schlapp werden, obwohl der Ballen noch feucht ist. Hier muß schattiert werden, damit sie sich wieder erholen.

Wie oft gießen?

Beet-Fuchsien werden nur bei anhaltender Trockenheit nachgegossen, zum Beispiel mit einem Regner, den man so lange laufen läßt, bis der Boden mindestens 10 cm tief mit Wasser gesättigt ist.

Bezaubernd schöne Ampelpflanze. ▷
Ein wahres Blütenballett beschert 'Cecile', eine 1981 in den USA gezüchtete Hängefuchsie.

Solitärpflanzen mit großem Ballen dagegen sind selbst im Beet aufs Nachgießen angewiesen. Bleibt der Ballen deutlich heller als die umgebende Erde, muß gewässert werden.

Hochstämmchen bekommen durch die ausladende Kronentraufe oft zu wenig Regen ab. Darum: Öfter mal nachgießen!

Fuchsien in Töpfen, Kästen und Kübeln brauchen im Sommer täglich regelmäßige Wasserzufuhr.

Ampeln gießt man an heißen Tagen morgens und abends. Ist die Erde so ausgetrocknet, daß sie sich bereits vom Gefäß löst, muß die Pflanze heruntergeholt und so lange getaucht werden, bis sich der Ballen wieder satt vollgesogen hat.

Mein Tip: Hängen Sie Ampeln an einer Zugschnur auf, die über eine Rolle läuft. Zum Gießen wird die Ampel einfach heruntergelassen. Dieses System erleichtert auch das Ausputzen.

Gutes Gießwasser

Regenwasser ist fabelhaft. Sammeln Sie es aber nicht, wenn es nach langer Trockenheit das erste Mal wieder regnet – es enthält dann zu viele Schadstoffe!

Leitungswasser bekommt allen Fuchsien, wenn es nicht zu hart und nicht eiskalt verabreicht wird. Bei Härtegraden über 10 °dH (der Wert kann beim Wasserwerk oder der Gemeinde erfragt werden) muß enthärtet werden. Bei Werten bis 15 °dH hängen Sie in eine 10-Liter-Gießkanne über Nacht ein Säckchen mit 200 g Torf. Das Säckchen nach dreimaligem Gebrauch erneuern. Liegt der Kalkgehalt (und damit die Härte) noch höher, mischen Sie dem Wasser ein chemisches Enthärtungsmittel bei (im Fachhandel erhältlich).

Brunnenwasser kann sehr unterschiedliche Qualitäten besitzen

und ist nicht immer pflanzenfreundlich. Nehmen Sie es zum Gießen nur, wenn Sie damit bereits gute Erfahrungen gemacht haben.

Automatische Bewässerung

Sie ist eine prima Lösung für Leute, die wenig Zeit für die Pflanzenpflege aufbringen können und natürlich für die Urlaubszeit. Die einfachen Systeme arbeiten nach dem Prinzip der Kapillarwirkung. Wenn das Substrat trocken ist, saugen »wasserfühlende« Tonkegel, Glasfaserdochte oder -matten Wasser aus einem Reservoir an. Wichtig: Wer für längere Zeit in Urlaub geht, sollte vorher ausprobieren, ob der vorgesehene Wasservorrat ausreicht!

Weitere »Pflanzensitter« sind:
● Kästen mit eingebautem Wasserreservoir. Sie funktionieren reibungslos, wenn die Gefäße überdacht stehen und das Wasserfühlsystem nicht durch Regen von oben durcheinandergerät.
● Der Gärtnerkasten. Bei dieser von Fachleuten entwickelten Neuheit steht den Fuchsien ein Wasservorrat von 12 l pro m Kasten zur Verfügung.
● Das Hydroponic-System. Es kann selbst in vorhandene Gefäße in-

stalliert werden und besteht aus Gefäßen, die erst im zweiten Drittel mit Abzugslöchern ausgestattet sind, so daß unten ein Drittel für den Wasservorrat bleibt. Man füllt das ganze Gefäß mit Blähton und bettet darin die Wurzelballen ein. Die Tonkugeln führen den Pflanzenwurzeln in ausreichender Menge Wasser und Sauerstoff zu. Es muß laufend nachgedüngt werden.

Vollautomatische Bewässerung

Der wichtigste Teil dieses Systems ist eine elektronische Steuereinheit. Sie erhält über Feuchtigkeitsfühler (Tensiostate) Befehle und steuert ein Magnetventil, das den Wasserzufluß öffnet oder schließt. Die vollautomatische Bewässerung kann vor jede Art von Wasserverteilung gesetzt werden und über Brausen, Düsen, Einzelstrahl oder Tröpfchenschlauch laufen. Bei unterschiedlichen Topfgrößen muß allerdings die individuelle Wasserzufuhr geregelt werden.

Putzen und Stutzen

Fuchsien blühen lange – oft über fünf Monate. Wer möchte, daß seine Pflanzen immer gut aussehen,

Hochstämmchen ziehen.

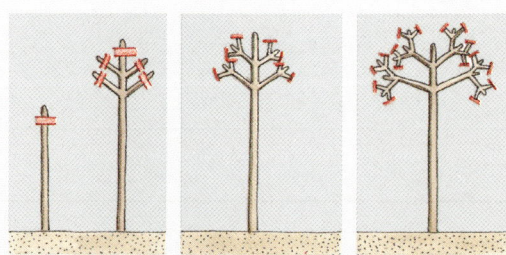

Links: Obere Austriebe der Jungpflanze nicht ausbrechen, sie bilden später die Krone. Untere Seitentriebe und Blütenknospen ausbrechen, Blätter am Stamm belassen. Bis auf gewünschte Höhe ziehen und stutzen. Mitte: Jeden Trieb der Krone auf erstes Blattpaar zurückschneiden. Rechts: Neue Seitentriebe weiter entspitzen.

buschig wachsen und ununterbrochen blühen, muß auch ein wenig Fuchsien-Kosmetik betreiben. Regelmäßiges Putzen erhält der Pflanze Schönheit und Gesundheit. Entfernen Sie einmal pro Woche Verblühtes, schadhafte Stellen und Fruchtansätze mit einem scharfen Messer oder der Schere. Lassen Sie dabei die Stielstummel der abgeschnittenen Blätter und Früchte stehen. Sie fallen später von selbst ab und hinterlassen eine geschlossene Wunde. Vermeiden Sie unbedingt Rißstellen. Sie faulen leicht. Das Stutzen verjüngt und regt die Bildung neuer Triebe an. Fuchsien blühen immer an den Triebenden. Dadurch wird im Laufe der Zeit der Wuchs sparrig und die Blütenfülle läßt nach. Wenn Sie zu Beginn der Blütezeit alle 10 Tage jeden vierten bis fünften Trieb etwas einkürzen, kommen keine langwachsenden Triebe auf. Je nach Abstand der Blattansätze werden dabei die Triebe auf 3 bis 5 Blattpaare zurückgeschnitten. Jeder dieser gestutzten Triebe bringt dann die drei- bis fünffache Anzahl neuer Triebe, die nach 6 bis 7 Wochen wieder in voller Blüte stehen.

Der Rückschnitt im Herbst vor dem Einräumen und im Frühjahr vor dem Umtopfen gehört zu den Arbeiten vor und nach der Überwinterung (→ Seite 34 ff.). Der Formschnitt dient der Erziehung von Büschen, Spalieren, Kronenbäumchen oder Bonsai (→ Seite 24 bis 26).

Mein Tip: Wenn es auch ein bißchen Arbeit macht: Sammeln Sie in dichten Pflanzungen abgefallene Blüten und Blätter vom Boden ab. Dies ist die beste Vorbeugung gegen Grauschimmel (→ Seite 29).

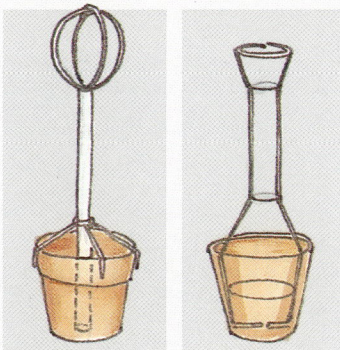

Stützen für Hochstämmchen. Links: Selbstgefertigte Stütze aus Metallrohr (in Erde verankert und mit Krallen am Topfrand befestigt) und zwei über Kreuz gebogene, feste Drähte als Halt für die Krone. Rechts: Spezial-Tutor Pflanzenstütze.

Umtopfen

Junge Fuchsien sind gute Esser und verbrauchen in der Regel die Nährstoffe in der Erde schnell. Ideale Zeit fürs Umtopfen ist der Beginn der neuen Vegetationsperiode, das Frühjahr. Aber es gibt auch andere Anlässe.

Umgetopft wird:
• Nach der Überwinterung (→ Seite 34).
• Wenn die Pflanze krank ist (→ Seite 26).
• Wenn Jungpflanzen besonders kräftig wachsen und ihre Wurzeln keinen Platz mehr im Topf haben. In diesem Fall darf auch im Sommer umgetopft werden, allerdings nur bis August.

Wichtig: Der neue Topf darf nur 2 cm mehr Durchmesser haben als der alte, um ein schnelleres Durchwurzeln zu gewährleisten. Undurchwurzelte Erde neigt zum Versauern und schadet den Pflanzen.

Mein Tip: Mehrjährige Pflanzen nach Rückschnitt und Umtopfen nur sehr sparsam gießen. Sobald bereits ausgetriebene Augen nicht weiterwachsen, Fuchsien austopfen und Wurzeln kontrollieren. Sind sie braun und angefault, schlechte Stellen vom Wurzelballen entfernen und Fuchsien in neues Substrat einpflanzen.

Fuchsien in Hydrokultur

Grundsätzlich sind Fuchsien für dieses Kulturverfahren geeignet. In der Praxis überwiegt aber eindeutig die Vorliebe für Erde.

Für Hydro sprechen:
• Pflegeleichtigkeit.
• Standfestigkeit der Gefäße.
• Gutes Wachstum der Pflanzen.

Gegen Hydro sprechen:
• Späterer Blühbeginn.
• Verminderte Blühfreudigkeit.
• Schwierigkeiten beim Überwintern.
• Schlechte Befestigungsmöglichkeiten für Haltestäbe.

Wer es dennoch versuchen möchte, sollte schon die Stecklinge in einem Hydrokultur-Bewurzelungssubstrat (Blähton mit feiner Körnung) heranziehen. Die Bewurzelung erfolgt in Töpfen, die man in Folienbeutel steckt und auf eine Wärmematte (Thermolux) oder in eine geheizte Aussaatschale (Keimbox) stellt. Eine Umstellung von Erd- auf Hydrokultur kann ich nicht empfehlen.

Fuchsien formen

Fuchsien sind ein gutes Material zum »Erziehen«. Sie können ihnen verschiedene Formen geben, und das geht, im Gegensatz zu anderen Kübelpflanzen, schnell. Spätestens in zwei Jahren hat man bereits ein dekoratives Kronenbäumchen. <u>Als Ausgangsmaterial</u> für die Gestaltung kommen nur junge, kräftige und gut bewurzelte Pflanzen in Frage. Es gibt viele Sorten, die speziell zum Formieren gut geeignet sind.
<u>Das richtige Werkzeug</u> ist genauso wichtig. Sie brauchen: Messer, Rosenschere, Stäbe, Bindestreifen, Kronenhalter, Spaliere, Draht.

Busch und Strauch

Man beginnt mit dem Stutzen, wenn die Grundtriebe fingerlang sind und entfernt die Triebspitzen mit 1 bis 2 Blattpaaren. Das regt den Austrieb vieler Seitentriebe an. Geeignete Pflanzen: Selbstgezogene Beet-Fuchsien.

Ampelpflanzen

Sie entstehen aus Fuchsien, die leicht überhängende und nicht zu sperrige Triebe besitzen. Man stutzt die Jungpflanzen erstmals nach dem 4. Blattpaar. Die 6 bis 8 erscheinenden Jungtriebe werden bei stark wachsenden Sorten nachgebunden (→ Zeichnung, Seite 19). Möchte man Wandampeln bepflanzen, wird nur nach vorn und zu den Seiten hin geformt. Bei frei hängenden Ampeln erzielt man die Fülle durch Zusammenfassen einiger Triebe in der Ampelmitte oder durch Rückschnitt eines Triebes, der daraufhin verstärkt austreibt.

Hochstämmchen mit attraktiven Büten – Hängesorte 'Daisy Bell'.

Hochstämmchen

Mit der Erziehung von Fuchsien zu Hochstämmchen (→ Zeichnung, Seite 22) oder Kronenbäumchen können Sie im Sommer oder im Frühjahr beginnen.

Erziehungsbeginn: Sommer
● Ende Juli/Anfang August schneiden Sie von Ihren Fuchsien kräftige Triebspitzen, die nicht nur ein Blattpaar, sondern möglichst einen Dreier-Stand aufweisen. Sie bilden ein gutes Kronengerüst. Diese Stecklinge werden bewurzelt (→ Vermehrung, Seite 32 f.).
● Im September wird in Töpfe von 10 cm Durchmesser umgesetzt, ein Haltestab gesteckt und die Fuchsie daran festgebunden. Erscheinende Seitentriebe und Blütenknospen sofort ausknipsen. Blätter stehen lassen.
● Vor Dezember sollte der Stamm möglichst 70 bis 80 cm hoch sein, damit er später nicht unregelmäßig verholzt. Bäumchen hell, aber nicht sonnig und warm stellen.
● Im Januar/Februar wird erstmals auf die erwähnte oder eine andere gewünschte Höhe gestutzt und der Stamm direkt unterhalb der Krone gut am Haltestab festgebunden. Austriebe der obersten 2 bis 3 Etagen etwa 20 cm austreiben lassen und wieder an das erste Blattpaar zurückstutzen. Triebe, die weiter unten am Stamm erscheinen, regelmäßig entfernen. Direkt am Stamm sitzende Blätter aber unbedingt daranlassen! Die Fuchsie braucht sie noch zum Assimilieren.
● Im April wird erneut gestutzt und jeder junge Trieb auf das erste Augenpaar zurückgenommen.
● Mitte Mai (nach den Eisheiligen) kommen die Jungstämmchen ins Freie, wo sie kräftige Blütentriebe entwickeln.

Erziehungsbeginn: Frühjahr
● Wenn Sie im Februar mit der Erziehung beginnen, topfen Sie zunächst eine eintriebige und ungestutzte Pflanze in einen 10er- oder 11er-Topf, stäben sie an und brechen laufend alle Seitentriebe und Knospen aus.
● Im Mai kann die Pflanze auf die zukünftige Kronenhöhe zurückgeschnitten werden. Nach dem Neuaustrieb darf sie ins Freie.
● Im Juni wird ein zweites Mal gestutzt. Danach läßt man den Blütentrieben freien Lauf.

Mein Tip: Fuchsien brechen leicht. Geben Sie den schweren Blütenkronen eine Stützhilfe. Das einfachste Mittel ist ein aus ummanteltem, 4 mm starkem Draht hergestellter Ring, der in die junge Krone eingebunden wird (→ Zeichnung, Seite 23). Noch besser sind Tutor-Pflanzenstützen aus feuerverzinktem Stahl, die es für Stammhöhen von 55 bis 120 cm gibt (→ Zeichnung, Seite 23 und Bezugsquellen, Seite 62).

Pyramiden

Diese Gestaltungsart ist eine Herausforderung für den erfahrenen Fuchsienliebhaber. Das Hauptproblem besteht darin, die unteren Zweige der Fuchsien auf Dauer austriebsfähig zu halten. Gelingt das nicht, verkahlt das untere Drittel, und man kann nur noch ein Hochstämmchen formen. Pyramiden brauchen 2 bis 3 Jahre, bis sie erzogen sind. Ideal ist es, wenn ein Gewächshaus zur Verfügung steht.

Und so wird's gemacht:
Den gerade gewachsenen, gut bewurzelten Steckling einer reichblühenden und aufrecht wachsenden Sorte wählen und stäben, damit der Stamm kerzengerade wächst. Pflanze ständig am Treiben halten. Austriebe durch ein Stützgerüst in eine waagerechte Stellung bringen. Im 2. Kulturjahr, beziehungsweise wenn die Fuchsie verholzt ist, kann das Gerüst entfernt werden. Alle Austriebe müssen unter gleich guten Bedingungen wachsen. Es wird erstmals gestutzt, wenn die über 20 cm langen Triebe im ersten Drittel verholzen, und zwar bis auf dieses erste Drittel. Dabei entsteht langsam die pyramidale Form. Zusätzlich wird auch die Spitze gestutzt, damit die neu austreibenden Augen gleichmäßig verteilt sind.

Spaliere

Das Bild eines Fuchsienspaliers ist einfach überwältigend. Als Gerüst dient ein Holz- oder Kunststoffspalier. Formieren Sie immer gleich mehrere Pflanzen. Sobald der Hauptstamm die volle Höhe erreicht hat, wird entspitzt (→ Zeichnung, Seite 19). Die Wuchskraft der Pflanze strömt nun in die Seitentriebe, die gleichfalls entspitzt werden, sobald sie über die Breite des Spaliers hinausgewachsen sind. Seitentriebe waagerecht festbinden und jedes zweite Austriebspaar entfernen.

Bonsai

Fuchsien verholzen schon im ersten Jahr so stark, daß sie für die Gestaltung eines Bonsai gut geeignet sind (→ Tabelle, Seite 26). Überhängend wachsende Sorten, zum Beispiel 'Multa', 'Minirock', 'Postiljon' lassen sich gut zu Kaskaden – das ist eine spezielle Bonsai-Form – formieren.

Und so wird's gemacht:
Pflanzen durch ständiges Stutzen (→ Seite 19) zur Verzweigung bringen. Im 2. und 3. Jahr mit der eigentlichen Gestaltung beginnen. Später den Neuaustrieb auf zwei Blattansätze zurücknehmen. Drahten ist bei den von Haus aus bizarr wachsenden Fuchsien meist nicht nötig und kann nur empfohlen werden, wenn andere Formierungsmaßnahmen nicht weiterhelfen.

Mein Tip: Wer die Bonsai-Gestaltung vertiefen möchte, nimmt am besten Kontakt zu einem Bonsai-Club in der näheren Umgebung auf. Adressen über Bonsai-Club, Verein europäischer Miniaturbaumfreunde e.V., Weiherstraße 9, 6908 Wiesloch.

Fuchsien veredeln

Früher, als es noch nicht möglich war, den Stamm eines Kronenbäumchens innerhalb einer Wachstumsperiode ausreichend hoch und stark zu bekommen, wurde einfach veredelt. Als Unterlage und Stammbildner benutzte man die bewährte »Deutsche Perle«. Die bekanntesten Methoden waren die Geißfußveredelung, die Spaltpfropfung und das Anplatten gleichstarker Triebe mit Gegenzunge. Wer sich für die Veredelungsmethoden näher interessiert, wendet sich am besten an die Fuchsien-Gesellschaften.

Für Bonsai geeignete Fuchsien

Sortenname	Blütenfarbe (Sepalen/ Korolle)
'Happy'	rot/blauviolett
'Hummeltje'	weiß-rosa/ hellrosa
'Lady Thumb'	rot-weiß/ rot geadert
'Little Beauy'	hellrot/ lavendelblau
'Lottie Hobby'	scharlachrot/ scharlachrot
'Minirock'	rot/rot
'Tom Thumb'	rosa/ purpurviolett
'Vielliebchen'	glänzend rot/ tiefviolett

Schädlinge und Krankheiten – was man tun kann

Pflegefehler und ungünstige Standorte können selbst die gesündeste Fuchsie schwächen und zum Tummelplatz für gefräßige Insekten und zerstörerische Pilze machen. Glücklicherweise kann man etwas dagegen unternehmen.

Vorbeugen und Stärken

• Kaufen Sie nur gesunde und wüchsige Pflanzen.
• Sorgen Sie für einen gut belüfteten, hellen und luftfeuchten Standort.
• Düngen Sie nicht zu üppig. Zuviel »Futter« führt zu schwammigem Gewebe.
• Gießen Sie nicht zu viel, nicht zu kalt und nur im Sommer über die Blätter.
• Vermeiden Sie unbedingt Staunässe.
• Topfen Sie nicht zu tief ein.
• Spritzen Sie die Pflanzen mit Schachtelhalmbrühe. Die darin enthaltene Kieselsäure festigt das Gewebe und macht es unangreifbar für Pilze.
• Halten Sie die Augen offen. Früherkennung macht Bekämpfungsmittel oft unnötig.

Bekämpfungsmöglichkeiten

Wichtigste Voraussetzung für den Erfolg sind Ausdauer und, wenn nötig, wiederholte Behandlungen. Abhilfe schafft man:

Chemisch – durch Spritzen oder Gießen mit Insektiziden und Fungiziden (Insekten- und Pilzbekämpfungsmitteln).
Mechanisch – durch Entfernen befallener und erkrankter Pflanzenteile und durch Absammeln der Schädlinge.
Biologisch – durch natürliche Feinde wie Raubmilben, Florfliegen oder andere Nutzinsekten (→ Bezugsquellen, Seite 63).
Alternativ – durch Gelbtafeln, Duftfallen, Kräutertees, Kräuterbrühen oder durch aromatische Pflanzensprays, die ätherische Öle enthalten und die neuerdings sogar im Erwerbsgartenbau und in der Landwirtschaft mit großem Erfolg angewendet werden (→ Bezugsquellen, Seite 63).

Lachsrosa Hochstämmchen. Selbst Fuchsien mit überhängendem Wuchs – hier die amerikanische Sorte 'Orange Mirage' – lassen sich zu aparten Hochstämmchen ziehen.

▷

Achtung: Chemische Pflanzenschutzmittel müssen exakt nach Anweisung des Herstellers und in Schutzkleidung angewendet und für Kinder unzugänglich aufbewahrt werden. Nie zu große Mengen ansetzen. Verbrauchen Sie auch angesetzte Rainfarnzubereitungen (→ Seite 31) restlos. Versehentlicher Genuß kann zu schweren Gesundheitsstörungen führen. Rainfarn ist giftig.

Physiologische Schäden

Hierunter versteht man Krankheiten, die weder durch Tiere noch durch Mikroorganismen verursacht werden, sondern allein durch Pflegefehler. Gestört werden dabei vor allem Stoffwechsel und Wasserhaushalt der Pflanze.
Zu viel Wasser drückt den Sauerstoff aus der Erde, läßt Kälte entstehen und begünstigt Wurzelfäulnis durch Bodenpilze.
Zu wenig Wasser hat zur Folge, daß der Wurzelballen austrocknet, der Spannungszustand im Pflanzengewebe abfällt und die Pflanze schlappmacht.
Zu viel Dünger führt zu Verbrennungen im Wurzelbereich, wenn es sich um einen Mineralsalzüberschuß handelt, zu mastigem, ungesundem Wachstum, wenn zu viel Stickstoff gegeben wurde.
Zu viel Licht (Sonne) kann bei Pflanzen, die von Haus aus Waldbewohner sind, Verbrennungen und Blattverfärbungen zur Folge haben (→ Zeichnung, Seite 28).
Zu wenig Licht läßt die Pflanze vergeilen. Sie bildet lange blasse und schwächliche Triebe (Geiltriebe), die sehr anfällig sind.
Zu hohe Temperaturen führen zu Blattfall.
Zu niedrige Temperaturen behindern das Wachstum.

Staunässe

Anzeichen: Schlappe Blätter und Blattfall bei feuchtem Ballen, schwarze verfaulte Wurzeln.
Ursachen: Zu viel Wasser, keine Abzugslöcher, verdichtetes Substrat, starker Dauerregen.
Abhilfe: Ballen abtrocknen lassen, Pflanze eventuell überdacht aufstellen. In schweren Fällen in besser drainierte Erde und ein kleineres Gefäß umsetzen. Vorher verfaulte Wurzeln abschneiden. Schnittstellen mit Holzkohlepulver desinfizieren.

Salzschäden

Anzeichen: Schlappe Blätter, fahlgrüne bis durchsichtige Blattränder, die später braun werden. Plötzlicher Blattfall noch grüner Blätter.
Ursache: Zu starkes und häufiges Düngen, womöglich noch auf einen trockenen Ballen.
Abhilfe: Pflanze austopfen, Ballen auflockern, zerstörte Wurzeln bis ins gesunde Gewebe zurückschneiden. In kleineren Topf mit Aussaaterde umsetzen, mäßig gießen und vor Wind und Sonne schützen. Sobald der Topf durchwurzelt ist, darf wieder in einen größeren Topf umgesetzt werden.

Schaden und Krankheit.
Links: Schock durch zuviel Licht.
Rechts: Mehltau (Pilz!).

Trockenschäden

Anzeichen: Laub, das vom Pflanzeninneren her gelb wird, verkümmernde Blüten und Knospen. Erde, die sich vom Topfrand löst.
Ursachen: Zu wenig Wasser, oberflächliches Gießen. Das Innere des Topfballens kann sich nicht vollsaugen. Wenn er einmal ausgetrocknet ist, perlt das Wasser immer ab.
Abhilfe: Topf mit ausgedörrtem Wurzelballen so lange tauchen, bis keine Wasserblasen mehr aufsteigen.
Wichtig: Auch im Winter darauf achten, daß der Ballen nie völlig austrocknet.

Pilzliche Erkrankungen.
Links: Rost.
Rechts: Grauschimmel.

Lichtschäden

→ Zeichnung, links.
Anzeichen: Rot-grün gescheckte Blätter (Chlorophyllschäden), Brandflecken auf allen oberirdischen Pflanzenteilen.
Ursachen: Zu heller und sonniger Standort. »Lichtschock« durch plötzlichen Wechsel vom überdachten Standort in die helle Maisonne.
Abhilfe: Die Einlagerung von rotem Farbstoff, eine Lichtschutzmaßnahme der Pflanze, verschwindet meist von allein, wenn die Fuchsie sich akklimatisiert hat. Bei Brandflecken schattigeren Standort wählen oder schattieren. Stark beschädigte Triebe zurückschneiden. Sie erholen sich nicht mehr.

Mechanische Schäden

Anzeichen: Durchlöcherte und zerrissene Blätter, abgeknickte Triebe.

Ursachen: Schäden durch eigene Unvorsichtigkeit, durch Wind, Hagel oder andere Witterungseinflüsse.
Abhilfe: Mit scharfem Messer bis ins gesunde Holz zurückschneiden.

Mangelerscheinungen
Sie sind oft Folge eines zu niedrigen pH-Wertes und bei Verwendung moderner Kulturerde recht selten.
Anzeichen: Bleiche (chlorotische) Blätter deuten auf Eisenmangel hin, gelbe Blätter mit grün eingefaßten Blattnerven auf Manganmangel, gelbe Zonen und abgestorbene randlose Partien im Blatt auf Magnesiummangel.
Abhilfe: Durch Anheben des pH-Wertes, Blattdüngung, gezielten Einsatz von Spurennährstoffen.

Pilzkrankheiten
Pilze sind Schwächeparasiten. Befallen werden nur Pflanzen, die durch ungünstige Temperatur- und Standortbedingungen sowie durch Überernährung gestreßt und verweichlicht sind.

Mehltau
→ Zeichnung, Seite 28.
Anzeichen: Weißer Belag auf Knospen und Blüten. Blattflecken, Blattfall, Wachstumsstillstand.
Ursachen: Zu hohe Luftfeuchte, starke Temperaturschwankungen.
Abhilfe: Pflanzen auseinanderrücken, putzen (→ Seite 22) und eventuell leicht zurückschneiden. Wiederholt mit Saprol (1,5 ml auf 1 l Wasser) und Nimrod (0,75 ml auf 1 l Wasser) spritzen. Besonders gefährdet sind *Magellanica*-Typen und ihre Hybriden.

Rost
→ Zeichnung, Seite 28.
Anzeichen: Blattverfärbungen. Auf den Blattunterseiten ein feiner Belag, der aussieht wie Flugrost auf neuem Eisen. Später Blattfall von unten ausgehend.
Ursachen: Hohe Luftfeuchtigkeit, niedrige Temperaturen, zu dichte Bestände.
Abhilfe: Befallene Blätter entfernen. Alle vier Tage, später jede Woche mit Saprol (1,5 ml auf 1 l Wasser), Dithane-Ultra (2 g auf 1 l Wasser) oder Baymat (1 ml auf 1 l Wasser) möglichst im Wechsel spritzen.

Schädlinge.
Links: Läuse.
Rechts: Kalifornischer Blütenthrips.

Grauschimmel
→ Zeichnung, Seite 28.
Anzeichen: Graue Schimmelschicht, vor allem auf beschädigten Pflanzenteilen. Triebsterben.
Ursachen: Zu hohe Luftfeuchtigkeit verbunden mit Temperaturschwankungen in zu dichten und zu gut ernährten Beständen. Zu wenig gelüftete Standorte.
Abhilfe: Befallene Teile entfernen. Dosiert gießen. Düngen einstellen oder einen kalibetonten Dünger geben, der das Pflanzengewebe festigt. Spritzen mit Ronilan (1 g auf 1 l Wasser) oder Euparen (2,5 g auf 1 l Wasser). Gut durchlüften.

Gefäßkrankheiten
Sie werden durch Rhizoctonia hauptsächlich bei Jungpflanzen verursacht.
Anzeichen: Schlappen der Pflanze bei ausreichender Ballenfeuchtigkeit, Blattfall, Stengelgrund- und Wurzelfäule.

Ursachen: Überdüngung, Staunässe, Bodenkälte, Bodenverdichtung.
Abhilfe: Keine möglich. Befallene Pflanzen wegwerfen, aber nicht auf den Kompost.
Vorbeugung: Sterilisation von Vermehrungsgefäßen und Jungpflanzentöpfen, zum Beispiel durch Wasser über 50 °C etwa 10 Minuten lang.

Pythium-Wurzelfäule
Anzeichen: Pflanzen welken.
Ursache: Pilzbefall vom Boden her durch schlechte Wachstumsbedingungen.
Abhilfe: Gleichmäßige Temperaturführung bei gemäßigten Wassergaben. Gießen mit Previcur N (1,5 ml auf 1 l Wasser).

Schädlinge.
Links: Spinnmilben.
Rechts: Weiße Fliege.

Schädlinge
Das Auftreten von Schädlingen ist von ganz bestimmten Wetterlagen abhängig. Hochdruck und Wärme über 25 °C rufen Blattläuse und Rote Spinne, warmfeuchte Witterung die Weichhautmilben auf den Plan. Häufig wechseln Schädlinge auch von benachbarten Pflanzen über oder werden durch neue eingeschleppt.

Dickmaulrüßler
Schädiger sind der Taxuskäfer und dessen Larven, die Dickmaulrüßlerlarven. Der Käfer selbst

ist nur in der Dämmerungsphase zu beobachten. Bei Tage lebt er unterirdisch. Daher ist die Kontrolle von Schlupfwinkeln unter Steinen, Brettern und Mulchschichten in der Nähe der Kulturpflanzen zu empfehlen.

Anzeichen Taxuskäfer: Buchtenfraß an ausgereiften Blättern.

Anzeichen Dickmaulrüßlerlarven: Fraßschaden ist nicht so ins Auge fallend. Die Larven leben ausschließlich unterirdisch und fressen die Pflanzenwurzeln ab. Hier kommt bei Verdacht nur eine vorbeugende Behandlung in Frage (→ oben). Biologische Bekämpfungsmaßnahmen mit natürlichen Feinden sind auch hier in Aussicht.

Ursache: Einschleppung durch Torfsubstrat oder andere Pflanzen.

Abhilfe: Die Bekämpfung ist sehr langwierig. Das Ablesen während der Dämmerung mit Taschenlampe ist eine sehr erfolgreiche Methode. Ködertafeln, mit Klebstoff versehen und angestrahlt, haben auch gute Ergebnisse gebracht. Biologische Verfahren sind noch in der Erprobung. Vorbeugende Maßnahmen sind Sterilisierung des Substrates oder Beimischung von Curaterr 1,5 g je l Erde.

Raupen

Anzeichen: Fraßstellen und Löcher an oberirdischen Pflanzenteilen. Auftreten von vielen kleinen grünen Raupen oder über 1 cm großen graugrünen bis braunen Erdraupen (Eulenfalterraupen). Schwarze Ausscheidungen.

Ursachen: Bestimmte Pflanzen, die den Faltern zur Eiablage dienen, in der näheren Umgebung (zum Beispiel Weidenröschen oder andere Nachtkerzengewächse).

Abhilfe: Raupen in der Dämmerung ablesen. Bei sehr starkem Befall mit Ambush oder Spruzit (Hinweise auf der Verpackung beachten) spritzen.

Erst 1 Jahr alt und bereits ein Blütentraum – Hängesorte 'Cascade'.

Spinnmilben (Rote Spinne)
→ Zeichnung, Seite 29.
Anzeichen: Graugrün verfärbte Blätter. Wachstumsstockungen, blattunterseits Gespinste mit kleinen Tierchen. Bei starkem Befall Absterben der Triebspitze und Blattfall.
Ursachen: Zu warme, trockene Luft (Hochdruckwetter über 25 °C), schlecht gelüftete Räume.
Abhilfe: Blattunterseiten mit Pentac (1 ml auf 1 l Wasser) spritzen. Im Gewächshaus bei Temperaturen über +12 °C Raubmilben einsetzen (→ Bezugsquellen, Seite 63).

Weiße Fliege
→ Zeichnung, Seite 29.
Anzeichen: Winzige weiße Insekten, die bei der geringsten Berührung der Pflanze auffliegen. Weiße Schüppchen an den Blattunterseiten (Larven), klebrige Absonderungen (Honigtau), auf denen sich schwärzliche Rußtaupilze ansiedeln.
Ursachen: Gestaute Luft, Zuflug von anderen Pflanzen, zu mastige Pflanzen durch Überdüngung.
Abhilfe: Gelbtafeln aufhängen. Ganze Pflanze, vor allem aber die Blattunterseiten mit Lizetan, Ekamet (1 ml auf 1 l Wasser) spritzen. Bei Temperaturen über +18 °C Schlupfwespen einsetzen. Erfolgreich ist auch Rainfarnbrühe (→ Rezept, Seite 31), die man im dreitägigen Rhythmus mindestens 6- bis 7mal spritzt.

Weichhautmilben
Anzeichen: Verkrüppelte und gestauchte Triebspitzen, jedoch ohne sichtbare Löcher.
Ursache: Warmfeuchte Witterung begünstigt Ausbreitung der Schädlinge.
Abhilfe: Spritzen mit Thiodan (1 ml auf 1 l Wasser). Rückschnitt bis in gesunde Partien.

Läuse
→ Zeichnung, Seite 29.
Anzeichen: Dichte Kolonien von Läusen, die es in verschiedenen Farben gibt, auf Jungtrieben. Verkrüppelung der Jungtriebe. Honigtaubildung.
Ursachen: Fehlen natürlicher Feinde, trocken-warmes Wetter, zu weiches Pflanzengewebe durch einseitige Düngung.
Abhilfe: Pflanzen 2mal täglich mit scharfem Strahl abbrausen. Befallene Triebe mit Spruzit oder Neudosan (Hinweise auf der Verpackung beachten) spritzen. Nützlinge einsetzen, zum Beispiel Larven von Marienkäfer, Florfliege oder Räuberischer Gallmücke (→ Bezugsquellen, Seite 63).

Thripse (besonders: Kalifornischer Blütenthrips)
→ Zeichnung, Seite 29.
Anzeichen: Sichtbare Saugschäden und auf Blättern anhaftende Kottröpfchen. Der Schädling selbst ist unter 1 mm groß und nur auf weißer Unterlage sichtbar.
Ursache: Die Larven sind Hauptschädiger. Schlupfwinkel Blütenkelche und halbgeschlossene Blüten. Die Pflanze bringt keinen Nachwuchs mehr. Bei starken Schäden ist Rückschnitt erforderlich.
Abhilfe: Zur Zeit sind noch keine Einsatzmöglichkeiten natürlicher Feinde in Sicht. Abwechselnd spritzen mit Decis (0,5 ml auf 1 l Wasser) und Ekamet (1 ml auf 1 l Wasser).

Pflanzenschutz im Wohnbereich

Auch hier gilt es, vorbeugend ein pflanzengerechtes Umfeld zu schaffen. Das heißt:
● Gute Lüftungsmöglichkeiten.
● Schattierungsmöglichkeiten.
● Die Möglichkeit, die Luftfeuchte zu erhöhen oder zu vermindern.
● Eventuell Bodenwärmequellen.

Nutzinsekten

Nützlinge haben Schädlinge im wahrsten Sinne des Wortes zum Fressen gern.
Im Gewächshaus oder einem anderen geschlossenen Kulturraum, in dem sich die Temperatur kontrollieren läßt, sind sie am erfolgreichsten. Sobald sie ihre Feinde vertilgt haben, verschwinden sie wieder von der Bildfläche. Bestellscheine für Nützlinge gibt's im Fachhandel. Firmen, bei denen Sie nach Bezugsquellen in Ihrer näheren Umgebung fragen können, sind auf Seite 62 genannt (frankierten Rückumschlag beilegen!).
Im Garten müssen Sie für die Vermehrung und Erhaltung von Nutztieren sorgen. Die wichtigsten sind: Laufkäfer, Marienkäfer und deren Larven, Ohrwürmer, Schwebfliegen und deren Larven, Raubwanzen, Schlupfwespen, Spinnen, Igel, Singvögel, Spitzmäuse.
Sie alle brauchen einen Unterschlupf, Nistplätze oder bestimmte Pflanzengemeinschaften (Mischkultur, Wildpflanzen). Gute Voraussetzungen für diese Ansprüche bieten Mulchschichten, Laubaufschüttungen, Holzstöße, Steinhaufen und Gehölze.

Kräuterbrühen
Sie benötigen:
Je 1 kg frischen, grob zerschnittenen oder 100 g getrockneten Ackerschachtelhalm oder Rainfarn auf 10 l Wasser. Beide 24 Stunden lang im Wasser einweichen. Am nächsten Tag die Brühe eine halbe Stunde köcheln lassen. Nach dem Abkühlen durchsieben. Zum Ausspritzen Ackerschachtelhalm mit der 5fachen, Rainfarn mit der 3fachen Menge Wasser verdünnen.
Achtung: Brühen komplett verbrauchen! Rainfarnbrühe vor Kindern sichern – sie ist giftig!

Fuchsien vermehren – leicht gemacht

Wünschen Sie sich von einer besonders schönen Sorte mehrere Exemplare? Dann schneiden Sie einfach eine Triebspitze ab. Sie bewurzelt bei Fuchsien ganz leicht und schnell. Aus einem längeren Seitentrieb können Sie sogar mehrere Stecklinge gewinnen, aus denen jeweils eine neue Pflanze wird. Viel schwieriger ist die Vermehrung aus Samen. Sie wird fast nur von Züchtern und Spezialisten praktiziert.

Vermehrungsmethoden

Fuchsien können auf verschiedene Arten vervielfältigt werden:
● Aus Samen. Man nennt diese Form generative Vermehrung, weil hier die Gene verschiedener Elternteile vermischt werden. Vermehrungen durch Aussaat bringen bei unseren Kulturfuchsien keine elterngleichen Nachkommen. Nur reine Wildarten bringen, unter sich gekreuzt, wieder artengleiche Jungpflanzen hervor. Für den Laien ist daher nur vegetative Vermehrung empfehlenswert.
● Aus Stecklingen (→ Zeichnung Stecklingsarten, Seite 33). Diese Methode wird vegetative Vermehrung genannt. Die Nachkommen sind das genaue Abbild der Mutter.
● Durch Absenker, eine vegetative Vermehrungsart, die nur während der Hauptwachstumszeit möglich ist.
● Durch Ausläufer, die sich bei vielen Arten und Sorten in humosen Böden bilden und abgetrennt werden können.
● Durch Veredelung (→ Seite 23).

Mein Tip: Am einfachsten und erfolgreichsten ist die vegetative Vermehrung aus Pflanzenteilen.

Was Sie für die Vermehrung brauchen

Fuchsien können in verschiedenen Substraten oder in Wasser vermehrt werden.
Geeignete Substrate:
● Fertige Vermehrungs- und Aussaaterden wie TKS 1 oder Floraton 3.
● Ein selbstgemixtes Substrat aus angefeuchtetem Weißtorf mit gewaschenem, scharfem Sand im Verhältnis 2:1 gemischt.
● Perlite.
● Feiner Blähton.
● Sand.
● Steinwolle.
Weiteres Zubehör:
● Verdunstungsschutz (→ Zeichnung rechts). Bei Einzeltöpfen genügt ein übergestülptes Marmeladenglas oder ein gelochter Folienbeutel, über Beete oder Kisten können Folienzelte oder lichtdurchlässige Abdeckhauben gegeben werden.

● Bodenheizung oder heizbares Vermehrungsbeet (vor allem wichtig bei kalten Fensterbänken).
● Bewurzelungspulver (Seradix, Wurzelfix).
● Gefäße: Ton- oder Plastiktöpfe unter 7 cm, Torftöpfe, Multitopfplatten.

Mein Tip: Bei der Bewurzelung im Wasser muß der Wasserstand gleichmäßig niedrig sein, damit der Steckling nicht fault. Benutzen Sie ein flaches Gefäß.

Vermehrung durch Stecklinge

Wichtigste Voraussetzung für die Stecklingsvermehrung ist eine gesunde und wüchsige Mutterpflanze.
Weiche Stecklinge (→ Zeichnung, Seite 33) nimmt man von einer Pflanze mit möglichst knospenlosen Trieben. Man schneidet mit einem scharfen Messer eine Triebspitze mit zwei Blattpaaren und einem, das sich gerade bildet, etwa 1,5 mm unter dem Blattknoten ab. Großflächige Blätter halbieren, um die Verdunstungsflächen zu reduzieren. Berührung der Schnittfläche vermeiden. Stengelende in Bewurzelungspulver tauchen und in die

Verdunstungsschutz.
Glas überstülpen und leicht in Substrat drücken. Zwei Drähte über Kreuz leben, darüber gelochten Folien-Beutel ziehen, am Topf zubinden.

Stecklingsarten.

Links: Weicher Kopfsteckling, er bewurzelt besonders schnell.
Mitte: Internodiensteckling mit schlafenden Knospen
in den Blattachseln.
Rechts: Rißling mit Rindenzunge, bewurzelt besonders sicher.

vorbereitete Erde oder in eines der aufgezählten anderen Substrate stecken. Ganz leicht andrücken und mit feiner Brause angießen. Verdunstungsschutz (→ Seite 32) überstülpen.
Verholzte Stecklinge sind fingerlange, leicht verholzte Seitentriebe von der Mutterpflanze, die durch Abriß nach unten entfernt werden. Unteres Blattpaar mit Stengel abschneiden, zu lange Rindenlappen einkürzen. In Bewurzelungspuder tauchen und nicht tiefer als 2,5 bis 3 cm in die Erde stecken. Angießen.
Auch hier Verdunstungsschutz (→ Seite 32) überstülpen.

Mein Tip: Achten Sie bei der Stecklingsvermehrung auf Hygiene. Berühren Sie die Schnittflächen nicht mit den Händen und vermeiden Sie Blattquetschungen, die zu Fäulnis führen können. Um Pilzinfekte zu verhindern, kann man die Stecklinge mit Euparen (2,5 g auf 1 l Wasser) angießen.

Versorgung der Stecklinge

Der Standort soll hell, aber nicht sonnig sein.
Die Bodenwärme muß konstant 18 bis 20 °C betragen.
Die Lufttemperatur kann sich bei eingehaltener Bodenwärme in einem Bereich zwischen 14 und 20 °C bewegen. Ideal ist eine gleichmäßige Temperaturführung.
Die Luftfeuchte sollte bis zum 10. Tag durch den Verdunstungsschutz (→ Zeichnung, Seite 32) hoch gehalten werden. Erst dann dürfen Haube, Folie oder Glas ab und zu gelüftet und nach weiteren 4 Tagen ganz entfernt werden.
Die Pflege der Stecklinge besteht aus der täglichen Kontrolle.

Entfernen Sie regelmäßig Verfaultes, und gießen Sie nach, wenn das Vermehrungssubstrat trocken ist.

Pikieren und Eintopfen

Bei guten Bedingungen bewurzelt ein weicher Steckling (→ Zeichnung links) innerhalb von 10 bis 12 Tagen, ein verholzter innerhalb von 3 Wochen. Nach weiteren 14 Tagen wird pikiert, am einfachsten in einzelne 8-cm-Töpfe. Gute Pikiererden sind: Einheitserde P, Floraton 1 oder TKS 1. Pikierte Pflanzen nur mäßig feucht halten und nur morgens gießen. Sobald die jungen Fuchsien so gewachsen sind, daß sich ihre Blättern berühren, Töpfe auseinander rücken. Nach etwa 3 Wochen darf erstmals mit handelsüblichem Dünger nachgedüngt werden. Dosierung aber nicht überschreiten! Im Frühjahr und Sommer sind Blattdüngungen möglich. Man sprüht eine Lösung von 1 bis 1,5 ml auf 1 l Wasser alle 2 bis 3 Tage auf die Blätter – aber nie bei Sonne!

Umtopfen

Wenn die Jungpflanze ihren 8-cm-Topf völlig durchwurzelt hat, muß sie erneut umgetopft werden! Sie

Vermehrung weicher Stecklinge.
Triebspitze (3 Blattpaare ohne Blüten) abschneiden. Stengelende in Bewurzelungspulver tauchen, Pflanzloch vorstechen und Steckling so einsetzen, daß Stengel nicht knickt (Topf: 7 cm). Danach leicht angießen und Verdunstungsschutz (→ Zeichnung, Seite 32) überstülpen.

kommt nun in einen Topf von 10 bis 12 cm Durchmesser. Verwenden Sie als Substrat Einheitserde, und topfen Sie die kleine Fuchsie so ein, daß ihr Wurzelhals nicht tiefer als zuvor in die Erde kommt.

Vermehrung durch Absenker

Man benötigt dazu flexible Seitentriebe, die man vorsichtig in Richtung Boden biegt. Sie werden mit einer Klammer im Substrat verankert und mit Torf abgedeckt. Dieses Polster immer feucht halten. Nach 6–8 Wochen kann der bewurzelte Trieb von der Mutterpflanze getrennt werden.

Vermehrung durch Ausläufer

Sie erscheinen rund um die Mutterpflanze und haben schon eigene Wurzeln und Blätter. Man braucht sie nur abzustechen. Ist die Mutterpflanze schon älter und nicht mehr so attraktiv, gräbt man sie aus und läßt dafür den Bodentrieben optimalen Platz zur Entwicklung.

So ist Überwintern kein Problem

Wenn Nachtfröste angesagt sind, wird es höchste Zeit, die Fuchsien ins Winterquartier zu bringen. Vorher gilt es, einige Vorbereitungen zu treffen, damit die Pflanzen gesund bleiben und im folgenden Frühling den bestmöglichen Start ins neue Vegetationsjahr bekommen. Wer einmal versucht hat, seine Fuchsien über den Winter zu bringen, wird überrascht sein, wie einfach es ist.

Anders düngen

Je fester das Holz ist, desto besser geht eine Fuchsie durch die dunkle Jahreszeit. Düngen Sie darum ab August nur noch mit phosphorkalibetonten Düngern, zum Beispiel mit Mairol Blühdünger, Etisso-Blühdünger, Hakaphos rot oder Fertisal (Dosierung nach Angabe auf der Verpackung).

Weniger gießen

Ab September können Sie die Wassergaben reduzieren. Da die Nächte kühler werden und sich oft bereits der erste Tau niederschlägt, nimmt die Pflanze mit den oberirdischen Teilen viel Feuchtigkeit auf. Auch trocknet der Ballen längst nicht mehr so rasch aus wie im Sommer. An heißen, sonnigen September- und Oktobertagen, die vor allem in Weingegenden häufig sind, heißt es aber aufpassen, denn zur Austrocknung des Ballens darf es auf keinen Fall kommen.

Beet-Fuchsien umsetzen

Oft kommt der Frost früher als man denkt. Stechen Sie darum die Beet-Fuchsien rechtzeitig aus. Sie können eingetopft bis kurz vor Frosteinbruch draußen bleiben.
So wird's gemacht:
● Ballen etwas größer ausstechen als Container oder Topf groß sind.
● Wurzelbereich mit der Hand etwas verkleinern und locker in das Gefäß stellen.
● Etwas Erde rundherum einfüllen und darauf achten, daß sie gut und gleichmäßig verteilt ist.
● Erde nicht zu fest andrücken, damit sie nicht zu sehr verdichtet.
● Leicht angießen und Topf bis zum Einräumen geschützt aufstellen.

Einwinterungsschnitt

Unbedingt nötig ist er nicht. Er ist aber zu empfehlen, wenn
● die Triebspitzen noch zu weich (das heißt zu zart) sind,
● der Überwinterungsraum zu klein ist,
● die Pflanzen zu weit ausladend sind,

'Satellite'

'Pink Marshmallow'

'Marcus Graham'

'American Prelude'

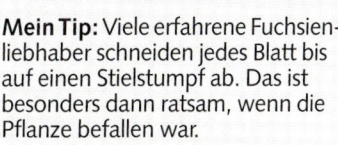
'Blue Satin'

'Centrepiece'

● die Triebe viele Blüten, Knospen und Früchte tragen, die später doch nur abfallen und (wegen der Gefahr eines Befalls mit Grauschimmel) weggekehrt werden müssen. Schneiden Sie einfach das letzte Drittel jedes Triebes ab. Wer aber der Pflanze nur ein dunkelfeuchtes Quartier bieten kann, sollte sie besser vorbeugend mit einer Fungizidlösung (gegen Pilze!) spritzen (2,5 g Euparen oder 0,1 g Ronilan auf 1 l Wasser), damit keine Sporen in die frischen Schnittwunden gelangen.

Mein Tip: Viele erfahrene Fuchsienliebhaber schneiden jedes Blatt bis auf einen Stielstumpf ab. Das ist besonders dann ratsam, wenn die Pflanze befallen war.

Winterstandorte

Der ideale Überwinterungsplatz für Fuchsien ist kühl, luftfeucht und hell. Da die Fuchsie aber zu den laubabwerfenden Gehölzen gehört, kann sie auch in dunklen Räumen überwintern. Bedingung: Die Pflanze muß bereits gut

verholzt sein. Noch krautige Jungpflanzen überwintert man am besten auf der Fensterbank bei einer Temperatur zwischen 10 und 15 °C. Wichtig: Wer keinen kühlen Winterplatz besitzt, muß Zusatzlicht geben, sonst vergeilen (→ Seite 28) und verweichlichen die Pflanzen.

Erdmiete und -grube
Diese Überwinterungsplätze sind ideal für alle, die viele Fuchsien und einen Garten haben.
Die Miete wird oberirdisch ange-

legt. Man stellt die Pflanzen nebeneinander, schüttet sie mit Erde oder Laub zu und gibt als frostsichere Deckschicht 30 cm Buchenlaub darüber, das mit Zweigen überdeckt und dadurch an Ort und Stelle gehalten wird.

Die Grube ist eine andere Überwinterungsmöglichkeit (→ Zeichnung, Seite 38). Sie wird mindestens 80 cm tief ausgehoben. Suchen Sie dafür einen Ort aus, der nicht vom Regen überschwemmt wird und keinen hohen Grundwasserstand hat. In der Grube überwintert man die Pflanzen liegend. Die Zwischenräume werden mit trockenem Torf, trockenem Buchenlaub, Zeitungen oder Styroporflocken ausgefüllt. Wer Mäusefraß befürchtet, kann die Grube vorher mit engmaschigem Hühnerdraht auskleiden. Zuletzt muß alles mit Brettern abgedeckt werden. Darauf gibt man noch eine 30 cm dicke Laubschicht, die mit Zweigen fixiert wird.

Wichtig: Erdmiete und -grube sind dunkle Winterquartiere, die sich nur für gut verholzte Pflanzen eignen. Das Ausräumen kann bis April verzögert werden.

Mistbeetkästen
Sie sind optimal, wenn sie tief genug ausgehoben (mindestens 60 cm) und die Wände mit einer zusätzlichen Isolierschicht aus Styroporplatten versehen werden. Man gibt kleine oder große Fuchsien hinein und deckt mit Doppelglas und Rohrmatten ab.

Fuchsien in Pflanzenkombination. 'Beacon Rosa' als kompaktes Hochstämmchen, die reinrote Sorte 'Kwintet' in Strauchform, als Unterpflanzung Kapaster (Felicia ammelloides).

An frostfreien Tagen lüften! Nach dem Frühjahrsschnitt im März können die Fuchsien dort belassen werden, bis sie Triebe und Knospen ansetzen.

Erdgewächshäuser
Diese heute selten gewordenen Glashäuser sitzen fast bis zur Traufe in der Erde und brauchen kaum beheizt zu werden. Bei sehr niedrigen Temperaturen deckt man sie einfach komplett mit Strohmatten ab. Im März kann im Erdgewächshaus bereits wieder angetrieben werden.

Lichtschächte
Hier wird einfach das Gitter mit Folie oder Glas abgedeckt. Bei kaltem Wetter öffnet man das Kellerfenster nach innen und gleicht die Temperatur aus.

Außenliegende Kellertreppe
Eine gute Lösung, wenn der Eingang im Winter nicht unbedingt gebraucht wird. Man überdacht mit Glas oder Folie und kann auf den Stufen viele Pflanzen unterbringen. Auch hier wird durch Öffnen der Kellertür bei Bedarf Wärme von innen zugeleitet.

Dunkle Keller
Sie sind das klassische Winterquartier für Fuchsien. Allerdings darf es nicht wärmer als +8 °C warm werden. Andernfalls muß zusätzlich belichtet werden.

Helle Keller, Treppenhäuser
Wenn die Fuchsien direkt am Fenster stehen, darf es bis zu 10 °C warm werden.

Dachboden
Ein frostsicherer Dachboden mit großflächigem Doppelglasfenster zum Lüften ist optimal fürs Überwintern und gleichzeitig im Frühjahr zum Antreiben gut zu gebrauchen.

Wohnräume
Sie kommen nur schwach beheizt in Betracht. Man stellt die Pflanzen direkt ans Fenster und nicht wärmer als 12 °C.

Wintergarten
Hier bleiben Fuchsien in Vegetation, und winterblühende Pflanzen (→ Sorten, Seite 58) können sich entfalten. Überprüfen Sie aber vorher die Fundamente auf ihre Frostsicherheit. Bei länger andauernden Kälteperioden wandert die Kälte über das Fundament in den Boden und schadet den Pflanzen. Die Temperatur kann sich zwischen frostfrei und Zimmertemperatur bewegen.

Gewächshaus
Kontrollieren Sie auch hier die Frostsicherheit der Fundamente. Bis März reichen Überwinterungstemperaturen zwischen 0° und 6 °C aus. Wenn Jungpflanzen mit überwintert werden, muß die Temperatur auf über 12 °C erhöht werden.

Mein Tip: Überprüfen Sie an allen Überwinterungsplätzen wöchentlich die Raumtemperatur und die Ballenfeuchtigkeit der Pflanzen. (Ausnahme: Erdmiete und -grube). Zur Temperaturkontrolle empfiehlt sich ein Minimum/Maximum-Thermometer (im Fachhandel erhältlich). Bringen Sie eventuell einen »Frostwächter« an, der die Heizung in Gang setzt, sobald die Mindesttemperatur unterschritten wird.

Licht aus der Steckdose

Bei Temperaturen unter 6 °C ruht die Vegetation der Fuchsie. Bei dieser Temperatur kann sie im dunklen Keller überwintert werden. Steigt die Temperatur über 8 °C, müssen Sie – falls kein natürliches Licht vorhanden ist – künstlich beleuchten.

Warmtonröhren verhindern, daß die Fuchsie in wärmerer Umgebung bleiche Wassertriebe ohne Blattgrün bildet, die von ihrer Substanz zehren. Die Warmtonröhren werden etwa 60 cm über der Pflanze angebracht. Sie benötigen etwa eine Doppelröhre pro Meter Breite (im Garten- oder Elektrofachhandel erhältlich).

Wachstumsleuchten benötigen Sie, wenn Sie im Winterquartier Jungpflanzen großziehen möchten. Eine Wachstumsleuchte hat etwa 2500 Lux. Die jungen Fuchsien erhalten 11 Stunden täglich dieses Licht. Später, wenn sie durch Zusatzbeleuchtung in der Blütezeit verfrüht werden sollen, gibt man 2 Stunden zu. Ob Sie die Pflanzenleuchten dabei tags oder nachts einsetzen, ist unerheblich.

Pflege im Winterquartier

Obwohl die Fuchsie im Winterquartier im allgemeinen auf Sparflamme lebt, muß man sie im Auge behalten und pflegen.

Gießen ist auch im Winter wichtig. Auch eine voll in Ruhe gegangene

Überwinterung in Erdgrube.
Grube 80 cm tief ausheben, mit engmaschigem Draht (gegen Mäuse!) und Holzbrettern auskleiden, mit weit überstehenden Brettern abdecken. Darüber 30 cm dicke Laubschicht gegen Frost.

alte, verholzte Fuchsie kann im Winterquartier vertrocknen. Deshalb ist Kontrolle der Ballenfeuchtigkeit je nach Temperatur- und Lichtbereich im ein- bis dreiwöchentlichen Abstand wichtig. Je wärmer und heller es ist, desto öfter werden Sie gießen müssen. Perlt das Gießwasser ab, so ist der Ballen zu trocken und muß getaucht werden.

Aber auch zuviel Wasser kann zum Absterben verholzter Pflanzen führen. Es ist immer darauf zu achten, daß die Abzuglöcher frei, die Kübel gut drainiert sind und nicht direkt auf dem Boden stehen. Lüften verhindert Schädlings- und Pilzbefall. Öffnen Sie an frostfreien Tagen Fenster und Türen.

Pflanzenschutz kann an ungünstigen Standorten nötig werden. Vorsicht vor Grauschimmel und Rost (→ Seite 29). Versuchen Sie bei Krankheiten und Schädlingsbefall zunächst die Kulturbedingungen zu verbessern. Hilft das nicht, muß ein Pflanzenschutzmittel eingesetzt werden (→ Seite 31).

Der Frühjahrsschnitt

Wann geschnitten werden darf, hängt von den Wachstumsbedingungen ab, die Sie den Pflanzen nach Entfaltung ihrer jungen Triebe geben können. Höhere Temperaturen, helle Räume, die gut gelüftet werden können, sind zum gesunden Austrieb erforderlich. Je später Sie schneiden, desto später wird die Pflanze blühen. Entfernt werden zuerst die schwachen Triebe und solche, die sich im Innern kreuzen und scheuern.

Der Zeitplan

Ab Januar können Sie mit dem Schnitt all der Fuchsien beginnen, die in Wintergärten oder Gewächshäusern bei Zimmertemperatur überwintert werden.

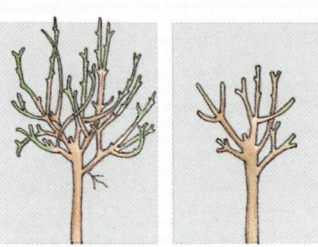

Hochstämmchen im Frühjahr.
Frühjahrsschnitt. Schwache und sich kreuzende Triebe ganz entfernen. Jahrestriebe bis auf 1 bis 3 Augenpaare je nach Triebstärke zurücknehmen. Auf Gesamtform achten.

Weich Entspitzen bringt die vierfache Zahl an Blütentrieben und eine geschlossene Form der Krone.

Der neue Austrieb liefert schon Stecklinge für die Anzucht von Jungpflanzen.

Ab Februar schneidet man Pflanzen zurück, die im kalten Gewächshaus, im Wintergarten, auf einer verglasten Veranda oder auf der überdachten Kellertreppe stehen.

Ab Anfang April erst kommen die Kandidaten dunklerer Standorte wie Treppenhaus, Keller und Dachboden oder Waschküche unters Messer.

Bis Anfang Mai können Fuchsien geschnitten werden, die anschließend auf einem geschützten Balkon stehen.

Der richtige Schnitt

Wie geschnitten wird, hängt von der Form der Fuchsie ab.
Bei Stämmchen und Pyramiden (→ Zeichnung, Seite 38) nimmt man die Jahrestriebe – das sind die unverzweigten Triebenden, von denen Sie im Herbst schon die Spitzen (→ Seite 38) entfernt haben – je nach Stärke auf ein bis zwei Augenpaare zurück. Berücksichtigen Sie dabei die jeweilige Wuchsform und lockern Sie auch zu eng gewordene Bindestellen, die den Stamm abschnüren können.

Mein Tip: Werfen Sie ein Hochstämmchen, dessen Krone bis an den Stamm zurückgefroren ist, nicht gleich weg! Schneiden Sie es bis ins gesunde Stammholz zurück, und bauen Sie aus den jungen Trieben eine Krone auf. Wie's gemacht wird, finden Sie auf Seite 25.

Bei Ampelpflanzen sind sortentypische Eigenschaften zu beachten. Sie sollten so geschnitten werden, daß sie möglichst früh blühen. Werden Ampelfuchsien zu scharf zurückgeschnitten, das heißt auf 1 bis 3 Augenpaare je Trieb, erhalten Sie zu starke Jungtriebe, die von Jugend auf nicht dazu neigen, die Form der Ampel anzunehmen. Erst das zunehmende Gewicht der Knospen und Blüten zieht die Triebe nach unten, jedoch so, daß die Ampelmitte verhältnismäßig flach bleibt. Deshalb bei langtriebigen Sorten die Leittriebe nur bis auf zwei Drittel ihrer Länge einkürzen, aber möglichst die seitlichen Austriebe erhalten und diese auf 1 bis 2 Augenpaare zurückschneiden. Zu beachten ist, daß in der Mitte der Ampel die Triebe etwas schärfer zurückgenommen werden, um auch dort wieder einen füllenden Austrieb zu erreichen. Dieses Prinzip wird angewandt bei den Sorten 'Gesäuseperle', 'Marinka', 'Lena', 'Achievement', 'Lolita' und 'Mantilla'.
Noch extremer zurückgeschnitten werden darf bei Sorten, die sich gut verzweigen und schnell die Form einer Ampelpflanze annehmen (zum Beispiel 'La Campanella', 'Harry Gray', 'Multa'.).
Bei älteren Büschen (→ Zeichnung, Seite 39) beläßt man starke Bodentriebe länger und schneidet nur die Spitzen um ein Drittel zurück. Die Seitentriebe werden auf 1 bis 4 Augenpaare gestutzt.
Geschädigte Pflanzen schneidet man bis ins gesunde Holz zurück. Die später erscheinenden starken, aber nicht sehr zahlreichen Triebe werden weich entspitzt (das heißt frühzeitiges Entfernen der Triebspitze, → Zeichnung, Seite 19).

Rückschnitt von Buschfuchsien. Bei eintriebigen Büschen bestimmt der Haupttrieb die gewünschte Höhe. Die Seitentriebe werden auf eins bis zwei Augenpaare zurückgeschnitten.

Pflege nach dem Schnitt

Der Rückschnitt sowie zunehmende Licht- und Wärmemengen stimulieren die Fuchsie zu neuem Wachstum. In dieser Phase heißt es aufpassen!

Das richtige Angießen
Zum Antreiben nach dem Rückschnitt darf nur einmal durchdringend gegossen werden. Danach hält man die Erde nur eben feucht, damit die sich neu bildenden Wurzeln genügend Sauerstoff bekommen. Zuviel Nässe führt zu Fäulnis. Man erkennt dies daran, daß bereits ausgetriebene Augen sich wieder einzuziehen scheinen. Erfolgreiche Rettung: Wurzeln sofort bis ins gesunde Gewebe (es ist hell, nicht bräunlich angefault) zurückschneiden und Pflanze in kleineren atmungsaktiven Tontopf mit neuer Erde setzten. Leicht angießen.

Die erste Düngung
Sie erfolgt grundsätzlich erst, wenn die neuen Triebe Blätter besitzen. Geeignete Dünger sind:
● Flüssigdünger, die einmal pro Woche auf den feuchten Ballen gegeben werden (2 bis 3 ml pro 1 l Wasser).

Verkleinerung des Wurzelballens.

Von bis zum Rand durchwurzelter Pflanze mit scharfem Messer rundherum etwa ein Drittel bis ein Viertel der Wurzeln entfernen. Dann ins gleiche (gereinigte) Gefäß so tief wie vorher mit neuem Substrat setzen.

● Langzeitdünger, die einmal auf den Ballen aufgestreut werden (3 g pro 1 l Erde), zum Beispiel Osmocote, Plantosan, Triabon.
● Organische Volldünger, zum Beispiel Hornoska, Oscorna und andere (Dosierung nach Angabe auf der Verpackung).

Gekonnt umtopfen

Umgetopft wird nur, wenn die Erde verbraucht oder der Ballen total verfilzt ist.

Bei heranwachsenden Fuchsien sollte das neue Gefäß mindestens 2 cm größer sein als das alte. Große, alte Exemplare in Kübeln über 45 cm Durchmesser müssen nur alle paar Jahre umgetopft werden. Sie kommen wieder ins gleiche Gefäß (vorher reinigen!), nachdem man Erde oder Wurzelballen reduziert hat (→ Zeichnung, Seite 39). Bei dieser Gelegenheit überprüft man auch Bindestellen und Haltestäbe.

So wird's gemacht:
● Bei schwach wurzelnden Sorten nur die Erde vorsichtig abschütteln.
● Bei stark wurzelnden Fuchsien das untere Viertel des Ballens entfernen und den oberen Ballenrand abbrechen.
● Bei alten, verfilzten Ballen mit einem scharfen Messer rundherum ein Drittel entfernen.

<u>Wichtig:</u> Umgetopfte Fuchsien brauchen etwa 4 bis 5 Wochen nicht gedüngt zu werden. Die neue Erde enthält genügend Nährstoffe für den Start.

Weiches Stutzen

Es empfiehlt sich bei allen geformten Solitärpflanzen, wenn der Trieb fingerlang ist. Es wird nur die faßbare Spitze entfernt, so daß 3 bis 5 Augenpaare bleiben (→ Zeichnung, Seite 19). Dadurch wird die Bildung vieler neuer Triebe angeregt, ein kompakter Aufbau und mehr Blütenfülle erzielt.

Die Fuchsie 'Small Pipes' – eine Kostbarkeit unter den neueren Sorten.

Der richtige Standort

Er soll bis zum Erscheinen der Austriebe 16 bis 20 °C warm, luftig und hell sein. Danach wird auf 10° bis 14 °C abgesenkt. Geeignet sind zum Beispiel ab April Gewächshäuser oder Foliengewächshäuser.

Fuchsien im Gewächshaus

Ein Kleingewächshaus ist der Traum jedes Pflanzenliebhabers. Man kann darin Jungpflanzen anziehen, Hochstämme durchkultivieren, Pflanzen früher antreiben und natürlich überwintern. Wie umfassend Sie ein Gewächshaus nutzen, und wie Sie dort das Fuchsien-Kulturjahr gestalten, hängt von den Temperaturen ab, die Sie schaffen und von einigen anderen wichtigen Bedingungen.

Das Gewächshaus sollte
● wegen der Versorgungsleitungen (Strom, Wasser, Heizung) möglichst nahe am Haus liegen.
● ein gut isoliertes Fundament besitzen.
● eine Schattiervorrichtung haben.
● Fenster- und Lüftungsklappen sowie zwei gegenüberliegende Türen aufweisen, damit stets Frischluftzufuhr, im Sommer sogar Durchzug, gewährleistet ist.
● einen Ventilator haben.
● mit Thermometer, Hygrometer (Luftfeuchtemesser) und Frostwächter ausgestattet sein.

<u>Das ungeheizte Gewächshaus</u> wird im Winter mit minimalem Heizaufwand 3 bis 5 °C warm gehalten. Nachts sorgt ein Thermostat dafür, daß die Temperatur konstant bleibt. Dieses »Kalthaus« ist ideal zum Überwintern von Fuchsien und anderen Kübelpflanzen. Hier

Aus dem kolumbianischen Regenwald – Fuchsia hartwegii.

Pflanzenschutz im Gewächshaus

Hygiene und Vorbeugemaßnahmen müssen im Kleingewächshaus ganz groß geschrieben werden. Achten Sie auf Botrytis, Rost, Blattläuse, Weiße Fliege und Rote Spinne, sobald das Wachstum der Pflanzen einsetzt. Sorgen Sie für optimale Kulturbedingungen, das heißt:

● Gleichmäßige Temperaturen!
● Gleichmäßige Luftfeuchte!
● Gute Lüftung!

Stellen Sie die Pflanzen nicht zu dicht nebeneinander auf, und gießen Sie nur vormittags, damit das Laub tagsüber Zeit hat abzutrocknen.

Früheres Blühen – auch ohne Gewächshaus

Wer seine Fuchsien hier unterbringt, kann mit einem verfrühten Blühen rechnen:

● In einem Folientunnel.
● In einem Anlehngewächshaus auf Balkon oder Terrasse, das man recht einfach selbst herstellen kann, indem man einen entsprechenden Rahmen mit Latten baut und ihn dann mit stabiler Folie bespannt. Diese Anlehngewächshäuser sind im Fachhandel auch unter dem Namen »Balkongewächshäuser« erhältlich.
● In einem vertieften Mistbeetkasten.
● In einer mit Glas oder Folie überdachten Keller-Außentreppe.
● Auf Bodenräumen mit großen Dachfenstern.

Fuchsien, die an diesen Orten aufgestellt werden, blühen deutlich früher als jene an geschützter Stelle im Freiland.

beginnen sie, wenn es ab Februar wieder heller wird, bald zu treiben. Hier können in kleinen, heizbaren Vermehrungsbeeten bereits Stecklinge bewurzelt werden. Es eignet sich auch ab Mitte März zum Antreiben dunkel überwinterter Fuchsien sowie zum Aufstellen von Pflanzen, die im Winter unter Kunstlicht standen.

Das beheizte Gewächshaus bietet noch mehr Möglichkeiten. Im Winter muß es tags bei 12 bis 16 °C, nachts bei 6 bis 10 °C gehalten werden. Hier bringen die im Herbst eingeräumten Pflanzen oft noch viele neue gesunde Triebe und Blüten hervor. Bei Winterblühern wie *Fuchsia speciosa, Fuchsia arborescens* und den Varietäten 'First Succes' oder 'Miep Aalhuizen' können ab 6 °C gute Blüherfolge erzielt werden. Der Rückschnitt anderer Fuchsien kann im tempe-

rierten Gewächshaus bereits im Laufe des Januar erfolgen. Anfang März wird weich entspitzt, im Laufe des April eventuell nochmals.

Mein Tip: Die entfernten Triebspitzen sind ideales Stecklingsmaterial für die Anzucht (→ Seite 32). Im hellen Gewächshaus darf auch früher mit dem Düngen begonnen werden. Man düngt mit Erscheinen des Neutriebes einmal pro Woche mit flüssigem Volldünger (2 ml pro l Wasser). Ab diesem Zeitpunkt sind auch Blattdüngungen mit 1 bis 1,5 g oder ml je l Wasser erlaubt. Wird die Pflanze umgetopft, darf erst nach erfolgter Durchwurzelung gedüngt werden. In der Regel dauert dies 4 bis 5 Wochen.

Zauberhafte Fuchsien kennenlernen

Riesig ist die Vielfalt an faszinierenden Sorten und Arten. Eine Auswahl von bezaubernden Blütenfarben und -formen finden Sie auf den brillanten Farbfotos der folgenden Seiten. Lassen Sie sich in die Wunderwelt der Blütenpracht führen. Sie werden viele Anregungen zur Verschönerung von Balkon, Terrasse oder Garten finden.

Erläuterung der Stichworte

Vorab genannt wird immer der Name einer Fuchsie. Anführungsstriche kennzeichnen gezüchtete Sorten.
Züchter: Unter diesem Stichwort finden Sie den Namen des Züchters, das Züchtungsjahr und die Nationalitätsangabe.
Heimat: Bei Naturfuchsien wird die regionale Herkunft genannt.
Blüte: Sie erhalten Angaben zur Blütenform (einfach, halbgefüllt oder gefüllt, → Zeichnung, Seite 9). In den Unterpunkten Tubus, Sepalen, Korolle, Staubgefäße und Stempel (→ Zeichnung, Seite 9) werden Farbe und Form beschrieben. Die Farbangaben sind idealtypisch, zuviel Sonne kann Blütenfarben verändern.
Blätter: Ordnen sich bei Fuchsien meist den Blüten unter, sind aber erstaunlich vielfältig.

◁ *Pflegeleichter Dauerblüher. Die 1942 in den USA gezüchtete Fuchsie 'Winston Churchill' wurde schnell zum Publikumsliebling.*

Wuchs: Man unterscheidet aufrechten, halbhängenden und hängenden Wuchs. Von kompaktem Wuchs spricht man bei Pflanzen, die sich gut und in kurzen Abständen verzweigen.
Verwendung: Hier wird angegeben, wofür die jeweilige Sorte besonders geeignet ist.
● »Solitärpflanze« meint einzelstehende Fuchsien von besonders attraktivem Gesamteindruck. Sie können im Kübel oder Beet stehen.
● Fuchsien, die als »Beetpflanzen« empfohlen werden, gedeihen dort besonders gut. Sie sind robust, wachsen aufrecht und buschig und sind reich an Blüten. Wer sich im folgenden Jahr an ihnen erfreuen will, muß sie im Herbst ausgraben und frostfrei überwintern (→ Überwinterung, Seite 34).
● Als »winterhart« bezeichnete Sorten sollten ebenfalls ins Beet gepflanzt und dort wie Gartenstauden überwintert werden (→ Seite 14). »Bedingt winterhart« besagt, daß diese Fuchsie nur an einem geschützten Standort mit Winterschutz (Anhäufelung mit Laub oder Torf) im Freien überwintert wird.

Verzeichnis der Sorten und Arten

Auf den angegebenen Seiten finden Sie genaue Beschreibungen und Farbfotos der jeweiligen Sorten beziehungsweise Arten.

Buntes Blütenkaleidoskop jüngerer Fuchsien-Züchtungen.

1 'Ron Ewart'

Züchter: Roe, 1981, Großbritannien.
Blüte: Einfach.
Tubus: Weiß, kurz, dick.
Sepalen: Weiß, kurz und breit, aufrecht gestellt.
Korolle: Rosarot, kurz.
Blätter: Mittelgrün.
Wuchs: Aufrecht.
Verwendung: Beet- und Solitärpflanze.

2 'General Monk'

Züchter: Unbekannt.
Blüte: Gefüllt.
Tubus: Kirschrot.
Sepalen: Kirschrot.
Korolle: Leuchtend blau, an Basis weißlich, leicht rosa geadert.
Blätter: Dunkelgrün.

Wuchs: Aufrecht, kompakt, gut verzweigend.
Verwendung: Ideale Beetpflanze. Auch als Randbepflanzung in Pflanzkombination mit anderen Sorten gut geeignet.

3 'Delice'

Züchter: De Graaff, 1984, Niederlande.
Blüte: Einfach.
Tubus: Hellrosa.
Sepalen: Hellrosa, leicht aufrecht gestellt.
Korolle: Kräftiges Rosa.
Blätter: Mittelgroß.
Wuchs: Hängend.
Verwendung: Für Ampeln und Spaliere.

4 'Little Beauty'

Züchter: Unbekannt.
Blüte: Einfach.
Tubus: Hellrot.
Sepalen: Hellrot.
Korolle: Lavendelblau, kurz.
Blätter: Mittelgrün, klein, schmal.
Wuchs: Aufrecht.
Verwendung: Vielseitig (auch als Bonsai), winterhart (Beet!).

5 'Wilsons Pearls'

Züchter: Wilson, 1967, Großbritannien.
Blüte: Einfach.
Tubus: Rot.
Sepalen: Rot, schmal, hochgedreht.

Korolle: Weiß mit rosa Adern.
Blätter: Hellgrün, schmal, spitz.
Wuchs: Hängend.
Verwendung: Hervorragende Ampel- und Solitärpflanze.

6 'Paula Jane'

Züchter: Tite, 1975, Großbritannien.
Blüte: Halbgefüllt.
Tubus: Pink.
Sepalen: Karminrosa, aufrecht gestellt.
Korolle: Dunkelrubinrot.
Blätter: Mittelgroß.
Wuchs: Aufrecht, kompakt, gut verzweigend.
Verwendung: Robuste Beetpflanze.

'Joy Patmore'

Züchter: Turner, 1961, USA.

Blüte: Einfach, besonders schön (Kulihut-Form). Tubus: Kurz, dick, weiß.

Sepalen: Wachsweiß, am Ansatz breit aber spitz zulaufend, hochgestellt.

Korolle: Leuchtend karminrot (Signalwirkung), an der Basis weiß.

Staubgefäße: Rosa.

Stempel: Weiß.

Blätter: Dunkelgrün, breit.

Wuchs: Aufrecht und buschig, aber etwas sparrig. Diese immerblühende Sorte besticht durch die Fernwirkung der besonders klaren Kontrastfarben. Schon die Überfülle der weißen Knospen läßt den Betrachter aufmerksam werden.

Verwendung: Sehr häufig als Beet- oder Solitärpflanze zu finden.

Mein Tip: Diese aparte Sorte wächst buschig, läßt sich jedoch sehr gut zu Hochstämmchen oder Pyramiden ziehen. Wie's gemacht wird, finden Sie auf Seite 25. Für Anfänger gut geeignet!

Beliebt auf Terrassen und Balkonen – die frischen Farben dieser Sorte.

Ein Blick in Blütengesichter – schier unendliche Vielfalt an Formen und Farben kennzeichnet die Züchtungen.

1 'Dark Eyes'

Züchter: Erickson, 1958, USA.
Blüte: Gefüllt.
Tubus: Karminrot.
Sepalen: Karminrot.
Korolle: Klares Blau, an der Basis rosa. Petalenränder reizvoll eingerollt. Ebenmäßige Form.
Staubgefäße: Rosa.
Stempel: Rosa.
Blätter: Dunkelgrün, rötliche Adern, leicht gewölbt.
Wuchs: Hängend.
Verwendung: Klassische Ampelsorte mit steigender Beliebtheit. Für Halbschatten gut geeignet.

2 'Annabel'

Züchter: Ryle, 1977, Großbritannien.
Blüte: Gefüllt.
Tubus: Weiß, rosa, gestreift, lang.
Sepalen: Weißliches Rosa, breit, hochgestellt.
Korolle: Weiß mit zartrosa Adern.
Staubgefäße: Hellrosa.
Stempel: Hellrosa.
Blätter: Hellgrün, gezähnt, geprägt.
Wuchs: Aufrecht bis überhängend.
Verwendung: Beet- und Kübelpflanze.
Achtung: In halbsonnigen bis sonnigen Lagen nimmt Rosa-Farbton zu.

3 'Southgate'

Züchter: Walker und Jones, 1951, USA.
Blüte: Gefüllt.
Tubus: Blaßrosa.
Sepalen: Blaßrosa mit grünen Spitzen, aufrecht gestellt.
Korolle: Hellrosa, leicht geädert.
Staubgefäße: Hellrosa.
Stempel: Weiß.
Blätter: Mittelgroß, mittelgrün, breit, gesägt, rötliche Stiele.
Wuchs: Überhängend.
Verwendung: Ideal für große Ampeln und als Solitär. Wetterfeste, großblütige, äußerst beliebte Universalsorte.

4 'Pennine'

Züchter: Mitchinson, 1981, Großbritannien.
Blüte: Einfach.
Tubus: Rot mit dunklen Streifen.
Sepalen: Weiß, an der Basis rötlich.
Korolle: Violettblau.
Staubgefäße: Rosa.
Stempel: Weißlich.
Blätter: Dunkelgrün, mittelgroß, gesägt.
Wuchs: Aufrecht, buschig.
Verwendung: Robuste, weiß-violette Sorte mit besten Eigenschaften als Beet-, Kübel- oder Solitärpflanze. Starkwüchsig.

'Cecile'

Züchter: Whitfield, 1981, USA.
Blüte: Gefüllt.
Tubus: Pink, kurz.
Sepalen: Rosarot und hochgestellt.
Korolle: Lavendelblau, an der Basis rosa. Jedes Blütenblatt ist gekräuselt.
Staubgefäße: Rosa.
Stempel: Hellrosa.
Blätter: Mittelgrün.
Wuchs: Überhängend, gut verzweigend.
Verwendung: Für große Ampeln und Kübel bestens geeignet. Geschmeidiger Wuchs und überreiche Blütenpracht (die Blüten sind mittelgroß und dicht gefüllt).

Mein Tip: Rechnen Sie für eine Ampel von 25 bis 30 cm Durchmesser 5 Fuchsien.
Als Solitärpflanze ist sie ab dem 2. Jahr in der Lage, einen Kübel von 30 cm Durchmesser dekorativ zu füllen. Die Pflanzenhöhe beträgt dann etwa 80 cm.

'Cecile' – sowohl als Ampel wie Hochstämmchen ein Blütentraum.

Eine typische Triphylla-Hybride – die Sorte 'Göttingen'.   *Triphylla-Hybriden besitzen einen langen Tubus.*

◁ 'Gesäuseperle'

Züchter: Nutzinger, 1946, Österreich.
Blüte: Einfach.
Tubus: Cremeweiß.
Sepalen: Weiß.
Korolle: Rot.
Staubgefäße: Rosa-weiß.
Stempel: Weiß.
Blätter: Mittelgrün, groß-flächig, gesägt.
Wuchs: Junge Triebe leicht aufrecht gestellt, voll erblühte Triebe stark hängend.
Verwendung: Für Ampeln, Kästen und Kübel geeignet.
Verträgt gut halbsonnige Lagen.
Hinweis: Besitzt große Ähnlichkeit mit der alten Sorte 'Amelie Aubin'.

1 'Göttingen'

Züchter: Bonstedt, 1904, Deutschland.
Blüte: Einfach, trauben-blütig.
Tubus: Leuchtend orange mit Verdickung.
Sepalen: Orange.
Korolle: Zinnoberrot.
Blätter: Großflächig, dunkel, an der Unterseite rötlich.
Wuchs: Aufrecht, buschig, halbhoch.
Verwendung: Als Beet- und Kübelpflanze. Eine imposante Erscheinung mit großer Blütenfülle in leuchtender Farbe auf dem dunkleren Unter-grund der Belaubung. Interessante Form der Einzelblüte.

2 'Elfriede Ott'

Züchter: Nutzinger, 1977, Österreich.
Blüte: Einfach.
Tubus: Altrosa, lang, dick.
Sepalen: Altrosa.
Korolle: Dunkles Rosa.
Staubgefäße: Altrosa.
Stempel: Altrosa.
Blätter: Hellgrün, rote Mittelader, leicht behaart.
Wuchs: Überhängend.
Verwendung: Als Ampel- und Beetsorte beliebt.

Mein Tip: Diese Fuchsie ist wie die Sorte 'Göttin-gen' eine *Triphylla*-Hy-bride und wird wie diese gepflegt. *Triphylla*-Hybri-den sind sonnenverträgli-che Sorten. Sie werden hell und wärmer (10 °C und mehr) als andere Fuchsien überwintert. Im Zimmer oder geheizten Wintergarten blühen sie im Winter ab etwa 15 °C. Auch in Ampeln und Blu-menkästen liebt diese Sorte wärmere, ge-schützte Plätze. Die Steck-lingsgewinnung ist etwas schwieriger, da diese tag-neutrale Sorte zu jeder Jahreszeit Blütenknospen angesetzt hat. Die Knos-pen am Steckling werden vorsichtig seitwärts aus-gebrochen.

'Cliantha' – eine neue Sorte stellt sich vor.

Gefüllt und duftig – die Blüten von 'Loni Jane'.

1 **'Cliantha'**

Züchter: Strümper, 1985, Deutschland.
Blüte: Gefüllt.
Tubus: Rosarot.
Sepalen: Rosarot mit grünen Spitzen.
Korolle: Hellviolett mit dunkler Basis.
Staubgefäße: Rosa, violett.
Stempel: Hellrosa.
Blätter: Mittelgroß, mittelgrün.
Wuchs: Aufrecht, buschig, leicht überhängend.
Verwendung: Beet- und Kübelpflanze. Für große Ampeln gut geeignet.

Mein Tip: Hängen Sie Ampeln an einer Zugschnur auf, die über eine Rolle läuft. Zum Gießen wird die Ampel einfach heruntergelassen. Dieses System erleichert auch das Ausputzen.

2 **'Loni Jane'**

Züchter: Unbekannt.
Blüte: Gefüllt.
Tubus: Blaßrosa.
Sepalen: Weiß mit rosa Schimmer.
Korolle: Weiß mit rosa Schimmer.
Staubgefäße: Rosarot.
Stempel: Rosarot.
Blätter: Groß, hellgrün.
Wuchs: Hängend.
Verwendung: Für große Ampeln.

Mein Tip: Nehmen Sie mindestens 5 Pflanzen bei einem Ampeldurchmesser von 25 bis 30 cm.

Hinweis: Diese Sorte zieht schon mit ihren ersten geöffneten Blüten den Beschauer in ihren Bann. Man kann sagen, daß sie zu den Sorten zählt, die selbst einen Unbefangenen zum Sammler und Liebhaber werden läßt.
Um eine buschige Pflanze aufzubauen, muß mindestens 2mal gestutzt werden, denn die Internodien sind sehr lang. Die Ähnlichkeit mit den Sorten 'Snowy Summit', 'Pink Marshmallow' und 'Icicle' ist frappierend.

'Pink Quartett'

Züchter: Walker und Jones, 1949, USA.
Blüte: Halbgefüllt.
Tubus: Rosa.
Sepalen: Dunkelrosa, breit, hochgestellt.
Korolle: Weißliches Rosa, leicht geadert.
Staubgefäße: Rosa.
Stempel: Rosa.
Blätter: Dunkelgrün, großflächig.
Wuchs: Aufrecht, steif, verzweigt sich zögernd.
Verwendung: Als Kübelpflanze, geformte Solitärpflanze. Robuste Sorte!
Besonderheit: Die großen zahlreich erscheinenden Blüten haben ihre Korollenblättchen (Petalen) zu exakt vier gleichmäßigen Einzelkorollen geformt und angeordnet. Der Satz Staubgefäße und der Stempel sind nur einmal vorhanden. Die Blüte kommt dadurch optisch besonders gut zur Geltung und hat eine gute Haltbarkeit.

Mein Tip: Dieser Sorte sollten Sie reichlich Platz gönnen. Durch zusätzliches weiches Entspitzen läßt sich der sparrige, steife Wuchs zähmen und bringt zusätzlich die vierfache Menge Blütentriebe. Unterpflanzungen nur in großen Kübeln möglich.

Jede Blüte von 'Pink Quartett' besteht aus 4 Einzelkorollen.

Eine kleine Auswahl aus der Vielzahl amerikanischer Fuchsien-Züchtungen.

1 'Mrs. Lovell Swisher'

Züchter: Evans und Reeves, 1942, USA.
Blüte: Einfach.
Tubus: Rosa.
Sepalen: Weißlich, unterseits rosa, grünliche Spitzen.
Korolle: Dunkelrosa mit Rotstich, heller an der Basis, klein.
Staubgefäße: Dunkelrosa.
Stempel: Rosa.
Blätter: Mittelgrün, fahl.
Wuchs: Aufrecht, sparrig.
Verwendung: Als Beet- und Kübelpflanze geeignet. Besonders schön als geformte Solitärpflanze. Hochstämmchen bilden dichte Kronen.

2 'Daisy Bell'

Züchter: Unbekannt.
Blüte: Einfach.
Tubus: Weißlich, orange angehaucht.
Sepalen: Hellorange mit weißgrünen Spitzen.
Korolle: Lachsrosa mit grünen Spitzen.
Staubgefäße: Blaßrosa.
Stempel: Creme.
Blätter: Hellgrün, kupferrot angehaucht.
Wuchs: Hängend.
Verwendung: Kästen und Ampeln in halbsonniger bis sonniger Lage. Starkwüchsig.

Mein Tip: Darf – wie alle buntlaubigen Fuchsien – nicht zuviel Wasser erhalten.

3 'Tinker Bell'

Züchter: Hodges, 1955, USA.
Blüte: Einfach.
Tubus: Weißrosa.
Sepalen: Weißrosa mit roten Spitzen, Unterseite dunkelrosa.
Korolle: Hellrosa, leicht geadert.
Staubgefäße: Dunkles Rosa.
Stempel: Weiß.
Blätter: Mittelgrün, schmal, lang.
Wuchs: Hängend.
Verwendung: Elegante, fleißig und lang blühende Ampelpflanze.

4 'Lolita'

Züchter: Tiret, 1963, USA.
Blüte: Gefüllt.
Tubus: Weißrosa.
Sepalen: Weißrosa, grüne Spitzen. Unterseite dunkelrosa.
Korolle: Violettblau mit rosa Adern.
Staubgefäße: Rosa.
Stempel: Weißrosa.
Blätter: Schmal, hellgrün, spitz.
Wuchs: Hängend.
Verwendung: Extravagante Ampelsorte. Für vollschattige Standorte nicht geeignet.

Mein Tip: Beginnen Sie schon früh mit dem Entspitzen.

'Forget-Me-Not' – eine alte englische Sorte.

Englische Fuchsie aus der Zeit Queen Victorias.

1 'Forget-Me-Not'

Züchter: Banks, 1866, Großbritannien.
Blüte: Einfach.
Tubus: Hellrosa.
Sepalen: Hellrosa.
Korolle: Blauviolett.
Staubgefäße: Rosa.
Stempel: Rosa.
Blätter: Mittelgroß, glänzend, mittelgrün.
Wuchs: Aufrecht, sparrig.
Verwendung: Als Kübel- und Solitärpflanze.

Hinweis: Diese vielblütige alte Sorte hat ihre Vitalität unverändert erhalten können und ist unter den Solitärs ein nicht wegzudenkendes Kleinod.

Weitere alte, klein- und reichblühende Sorten:

Alle genannten Fuchsien besitzen einfache Blüten und einen aufrechten, buschigen Wuchs.
(Farben: Sepalen/Korolle)
Bon Accord, 1861, weiß/rosapurpur.
Chillerton Beauty, 1847, pink/blauviolett.
Elysee, 1886, rot/violett.
Graf Witte, 1899, rot/purpur.
Lustre, 1868, creme/lachsrosa.
Madame van der Strass, 1878, kirschrot/weiß.
Rose of Castille, 1855, weiß/purpur.

2 'Countess of Aberdeen'

Züchter: Dobbie Forbes, 1888, Großbritannien.
Blüte: Einfach.
Tubus: Weiß.
Sepalen: Blaßpink.
Korolle: Weiß, pink angehaucht.
Staubgefäße: Blaßrosa.
Stempel: Weiß.
Blätter: Klein, geprägt, gesägt, mittelgrün.
Wuchs: Niedrig, buschig.
Verwendung: Als Topf-, Beet-, Kübel- und Solitärpflanze.

Hinweis: Beliebe alte Sorte mit zahlreichen, zierlichen Blüten, besonders gut für Zimmerkultur geeignet.

Tips zu Pflege und Vermehrung

Fuchsie immer an einem schattigen Standort unterbringen, sonst verfärben sich ihre weißen Blüten. Die Art ist besonders anfällig für Grauschimmel (→ Seite 29). Bei Befall kranke Teile entfernen, weniger gießen, auf phosphor-kalibetonte Dünger umstellen und Pflanze mit Ronilan oder Euparen spritzen.
Nehmen Sie zum Vermehren nur weiche Stecklinge (→ Zeichnung, Seite 33). Stecklinge dieser Sorte benötigen meist mehr Zeit zum Bewurzeln als andere.

Rekordhalter mit den längsten Blüten.

Ungewöhnliche Blüte – Petalen an Stielen.

1 'Leonhart von Fuchs'

Züchter: Strümper, 1985, Deutschland.
Blüte: Einfach.
Tubus: Orangerot, überlang.
Sepalen: Orange mit grünen Spitzen, kurz.
Korolle: Orangerot.
Staubgefäße: Hellorange.
Stempel: Hellorange.
Blätter: Groß, hellgrün, Triebspitzen rötlichbraun.
Wuchs: Hängend.
Verwendung: Als Ampelpflanze. Sie ist eine reine Liebhabersorte.
Hinweis: Von allen bisher bekannten Fuchsien besitzt 'Leonhart von Fuchs' die längsten Blüten (bis 18 cm lang!).

Daran erkennen Sie eine Liebhabersorte:
Manche Sorten besitzen besondere Reize, aber auch weniger gute Eigenschaften, die sie nie zum großen Publikumserfolg werden lassen. Diese Sorte wird vor allem Liebhaber besonders attraktiver Blüten ansprechen. Und das sind die Nachteile:
• Sie verzweigt sich schlecht.
• Sie bringt wenig Stecklinge hervor.
• Die Stecklinge bewurzeln sich schlecht.
• Nach dem ersten Blütenschub verliert sie die älteren Blätter.
• Ihre Triebe brechen leicht.

2 'Nettala'

Züchter: Francesca, 1973, USA.
Blüte: Einfach.
Tubus: Dunkelrot, kurz und dick.
Sepalen: Dunkelrot, kurz.
Korolle: Violettrot, gestielte Petalen.
Staubgefäße: Weiß.
Stempel: Weiß.
Blätter: Mittelgroß, mittelgrün.
Wuchs: Aufrecht, buschig.
Verwendung: Besonders als Kronenstämmchen geeignet.

Hinweis: Diese Besonderheit unter den Fuchsienblütenformen verlangt danach, von einem Stämmchen aus dem Auge nähergebracht zu werden. Die lang gestielten Petalen werden durch die weißen Staubfäden hervorgehoben.
Eine bekannte Ampelsorte mit den gleichen Merkmalen, jedoch etwas kleinblütiger, ist die Sorte 'Pussy Cat'
Züchter: Felix, 1978, Niederlande.
Blüte: Einfach.
Sepalen: Lachsorange.
Korolle: Orangerosa.
Wuchs: Halbhängend.

'Vobeglo'

Züchter: De Groot, 1974, Niederlande.
Blüte: Einfach.
Tubus: Rosapink, kurz und dick.
Sepalen: Rosarot.
Korolle: Violettpurpur, hellere Basis.
Staubgefäße: Rosa.
Stempel: Blaßrosa.
Blätter: Mittelgrün, klein.
Wuchs: Aufrecht, kompakt. Die zahlreichen Triebe sind streng aufwärts gerichtet und haben kurze Internodien. Ein Stämmchen heranzuziehen erfordert viel Gefühl. Da die Triebe sehr leicht brechen, muß gut gestützt und der Stamm in kurzen Abständen an der Halterung befestigt werden.
Verwendung: Vor allem als Topfpflanze, aber auch als Beet-, Kasten-, Schalen- und Solitärpflanze geeignet. Reizvoll durch aufrecht ausgestellte Blüten, die an eine Azalee erinnern. Geben Sie Vobeglo einen windgeschützten, halbsonnigen Standort.

Hinweis: 'Vobeglo' ist eine der wenigen Sorten, deren Vorfahren genau bekannt sind. Ihr Stammbaum sieht folgendermaßen aus:
Großeltern: *Fuchsia regia typica* und 'Bon Accord'.
Eltern: 'Pallas' und 'Frau Henriette Ernst'.

Fröhlich und munter wirkt 'Vobeglo', deren Blüten an Azaleen erinnern.

Manche Fuchsienblüten erzielen eine ganz besondere Wirkung durch ihren weit hervorstehenden Stempel.

1 'La Campanella'

Züchter: Blackwell, 1968, Großbritannien.
Blüte: Halbgefüllt.
Tubus: Weiß.
Sepalen: Weiß mit rosa Schimmer.
Korolle: Purpurviolett.
Blätter: Klein, mittelgrün.
Wuchs: Hängend.
Verwendung: Für Schalen-, Kästen- und Ampeln.

2 'Son of Thumb'

Züchter: Gubler, 1978, Großbritannien.
Blüte: Einfach.
Tubus: Kirschrot.
Sepalen: Kirschrot.
Korolle: Lila, klein.
Blätter: Klein, mittelgrün.
Wuchs: Aufrecht, kompakt.
Verwendung: Topf-, Beet-, Kasten-, Schalensorte.

3 'Hawkshead'

Züchter: Travis, 1962, Großbritannien.
Blüte: Einfach, kleinblütig.
Tubus: Weiß.
Sepalen: Weiß, leicht gekrümmt.
Korolle: Weiß, leicht gekrümmt.
Staubgefäße: Weiß.
Stempel: Weiß.
Blätter: Dunkelgrün, schmal.
Wuchs: Aufrecht, steif.

Verwendung: Winterharte Fuchsie, im Beet wie Staude zu behandeln.

Mein Tip: Reinweiße Sorten möglichst nicht an sonnigem Standort unterbringen, sonst verfärben sie sich (→ Foto 3, oben).

4 'Hummeltje'

Züchter: Appel, 1979, Niederlande.
Blüte: Einfach.
Tubus: Hellrosa.
Sepalen: Weiß-rosa.
Korolle: Hellrosa.
Blätter: Mittelgrün, sehr klein, rund, gezahnt.
Wuchs: Buschig.
Verwendung: Für Topf, Beet und Ampel. Auch für Bonsai geeignet.

5 'Happy'

Züchter: Tabraham, 1974, Großbritannien.
Blüte: Einfach.
Tubus: Rot.
Sepalen: Rot.
Korolle: Leuchtend blauviolett.
Staubgefäße: Hellrot.
Stempel: Hellrot.
Blätter: Klein, mitteldicht besetzt.
Wuchs: Aufrecht, kugelig, buschig.
Verwendung: Als Beetund Solitärpflanze gleich gut geeignet. Läßt sich auch zu Bonsai ziehen. Blüten klein, aber äußerst zahlreich, leicht aufgestellt.

'Vielliebchen' – eine winterharte Fuchsie.

'Alison Ewart' sollte nicht in der Sonne stehen.

1 'Vielliebchen'

Züchter: Wolf, 1911, Deutschland.
Blüte: Einfach.
Tubus: Glänzend rot.
Sepalen: Glänzend rot, schmal, leicht aufrecht gestellt.
Korolle: Tiefviolett, zur Basis hin rot getönt.
Staubgefäße: Rot.
Stempel: Rot.
Blätter: Mittelgroß, schmal.
Wuchs: Aufrecht, buschig.
Verwendung: Eine äußerst reichblühende Beetsorte, die als bedingt winterhart gilt. Sie eignet sich gut als Solitärpflanze und läßt sich auch als Bonsai gestalten.

Wissenswertes über winterharte Fuchsien:
Wählen sie nur Sorten, die von deutschen Fachleuten als winterhart oder bedingt winterhart empfohlen werden. Alle winterharten Fuchsien frieren wie Blütenstauden bis zur Erdoberfläche zurück und treiben von April bis Ende Mai mit Bodentrieben wieder aus. Gepflanzt werden sie im Mai, etwa 5 bis 10 cm tiefer als normal. Ab Dezember erhalten sie einen Winterschutz. Dazu etwa 15 cm hoch trockenes Laub oder Torf um die Pflanzen anhäufeln.

2 'Alison Ewart'

Züchter: Roe, 1976, Großbritannien.
Blüte: Einfach.
Tubus: Rosa, kurz, dick.
Sepalen: Rosa mit grünen Spitzen.
Korolle: Rosa, mauve.
Staubgefäße: Rosa.
Stempel: Hellrosa.
Blätter: Mittelgroß, dunkelgrün mit roten Adern. Hübscher Kontrast zu Blüten.
Wuchs: Aufrecht, gut verzweigend.
Verwendung: Als Busch für Kästen, Schalen, Beete und als Solitär gleich gut geeignet.
An sonnigem Standort bleicht die rosafarbene Blüte aus.
Blühbeginn früh. Als Ausstellungspflanze gut geeignet.

Hinweis: Die 1976 vom bekannten englischen Züchter Roe herausgebrachte Sorte wurde bereits 2 Jahre später ins deutsche Sortiment übernommen.
Mutter ist die aparte 'Eleanor Leytham', Vater die wuchsfreudige Sorte 'Pink Darling'.
'Alison Ewart' besitzt den gedrungenen Wuchs der Mutter – ohne deren Empfindlichkeit geerbt zu haben – und die augenfällig schräg ausgestellten, gut tragenden Blütenstiele der Vaterpflanze.

Ansichten von Fuchsienblüten, wie sie in der Natur vorkommen.

1 Fuchsia boliviana var. luxurians 'Alba'

Heimat: Peru.
Blüte: Einfach.
Tubus: Leuchtend weiß, lang, schlank.
Sepalen: Leuchtend hellrot, kurz, aufgerichtet.
Korolle: Leuchtend dunkelrot.
Staubgefäße: Rot.
Stempel: Rot.
Blätter: Sehr groß, oval, leicht behaart.
Wuchs: Starkwachsend, verzweigt sich schlecht.
Verwendung: Am besten im beheizten Gewächshaus oder Wintergarten, wo sie als Kletterpflanze den ganzen Winter über blüht.

2 Fuchsia denticulata

Heimat: Peru, Bolivien.
Blüte: Einfach.
Tubus: Rot, lang.
Sepalen: Rot mit grünlichen Spitzen.
Korolle: Karmesinrot.
Blätter: Dunkelgrün, lang, mit rötlicher Unterseite.
Wuchs: Aufrecht, sparrig.
Verwendung: Solitärpflanze. Verträgt Sonne! Wintergartentauglich.

3 Fuchsia speciosa

Hybride, entstanden aus *Fuchsia splendens* x und *Fuchsia fulgens*.
Heimat: Mexiko.
Blüte: Einfach.
Tubus: Orange.
Sepalen: Hellorange mit grünen Spitzen.
Korolle: Hellorange.
Blätter: Hellgrün, behaart.
Wuchs: Aufrecht.
Verwendung: Büsche und Stämmchen. Auch für Wintergarten geeignet.

4 Fuchsia paniculata

Heimat: Süd-Mexiko, Panama.
Blüte: Einfach, fliederdoldenähnlich.
Tubus: Rosarot.
Sepalen: Rosarot.
Korolle: Lavendelblau.
Blätter: Mittelgrün.
Wuchs: Aufrecht, buschig.
Verwendung: Solitärpflanze, auch für Wintergarten geeignet.

5 Fuchsia arborescens

Heimat: Zentralmexiko.
Blüte: Einfach.
Tubus: Rosenrot.
Sepalen: Rosenrot.
Korolle: Violettes Rosa.
Blütenstand: Flieder-doldenähnlich.
Blätter: Groß, lang, elliptisch, mittelgrün, hellere Unterseite, rötliche Adern.
Wuchs: Aufrecht, buschig.
Verwendung: Solitärpflanze. Standort: Sonnig bis halbsonnig.
Besonderheit: Blüht im beheizten Wintergarten und Gewächshaus von Oktober bis Mai.

Fuchsia magellanica var. macrostemma (syn. var. gracilis)

Heimat: Chile, Argentinien
Blüte: Klein, einfach.
Tubus: Rot.
Sepalen: Rot.
Korolle: Violettes Purpur.
Staubgefäße: Rosa, herausragend.
Stempel: Hellrot.
Blätter: Lang, schmal, mittelgrün.
Wuchs: Aufrecht grazil, jedoch vieltriebig, etwa 1 m hoch werdend.
Verwendung: Beetpflanze, da winterhart. Gut geeignet auch als Solitärpflanze in Kübeln, dann jedoch Überwinterung im frostfreien Quartier.

Hinweis: Fast alle Fuchsien der Art *Fuchsia magellanica* sind winterhart. In Mitteleuropa verhalten sie sich im Winter wie Stauden, das heißt: Die oberirdischen Teile frieren ab, im Frühjahr treiben die Pflanzen jedoch wieder aus. Im Lauf der Jahre vergrößert sich der Wurzelstock und kann – wie bei Stauden – geteilt werden. Die Verjüngung sollte nach jeweils 4 bis 6 Jahren wiederholt werden.

Fuchsia magellanica var. macrostemma wächst wie eine winterharte Staude.

Was Sie noch wissen sollten

Fuchsiengesellschaften

In der Bundesrepublik gibt es zwei Liebhabergesellschaften, denen jeder Fuchsienfreund beitreten kann:
• Die Deutsche Dahlien-, Fuchsien- und Gladiolengesellschaft e.V.
(→ Adressen, Seite 63),
• Die Deutsche Fuchsiengesellschaft e.V. (→ Adressen, Seite 63).
Die Aufgaben, Ziele und Aktivitäten der Vereine sind breit gefächert.
Dazu gehören:
• Förderung der Kultur und Pflege von Fuchsien im Garten, Haus und in öffentlichen Anlagen.
• Erhaltung der Sortenvielfalt.
• Sichtung und Beurteilung von Neuzüchtungen und alten Sorten.
• Zusammenarbeit mit ausländischen Fuchsiengesellschaften und wissenschaftlichen Instituten.
• Öffentlichkeitsarbeit.
• Förderung von Ausstellungen auf Bundes- und Landesgartenschauen sowie im privaten Rahmen.
• Information und Beratung der Fuchsienfreunde. Zu diesem Zweck finden Seminare für Anfänger und Fortgeschrittene, regionale Treffen, Diavorträge, Besuche von Spezialgärtnereien, in- und ausländische Besichtigungsfahrten, Tage der offenen Tür und vieles mehr statt.

Im Juli 1988 hat die erste von der Deutschen Fuchsiengesellschaft initiierte Körungs- und Sichtungsveranstaltung im Berggarten von Herrenhausen/Hannover stattgefunden. Geplant sind Vergleichspflanzungen in allen Klimazonen, die dem Fuchsienfreund viele neue Erkenntnisse bringen werden.

Die Freundeskreise

Beide deutschen Fuchsiengesellschaften besitzen gut funktionierende Freundeskreise. Diese unterstützen die Tätigkeiten der Muttergesellschaft und ergreifen eigene Initiativen wie zum Beispiel Vertiefungen in Spezialgebiete. Seit einigen Jahren bestehen Schau- und Vergleichsgärten. Außerdem werden Kontakte mit anderen Pflanzenliebhabergesellschaften sowie mit botanischen Gärten intensiv gepflegt.

Was es sonst noch gibt

Der Tatsache, daß Fuchsien immer beliebter werden, trägt inzwischen auch der Erwebsgartenbau Rechnung und veranstaltet Seminare in staatlichen Lehr- und Versuchsanstalten, die auch von Fuchsien-Freunden besucht werden dürfen. Außerdem bieten Fuchsien-Spezialgärtnereien Kurse an, die das Wissen vertiefen. Wo und wann diese Kurse stattfinden, erfährt man über die Mitteilungsblätter der Gesellschaften, aus den Sortenlisten, oft auch aus Tageszeitungen und Gartenfachzeitschriften.

Fuchsien auf Gartenschauen

Seit 1988 gibt es für Fuchsien eigene Hallenschauen auf Bundes- und Landesgartenschauen. Außerdem veranstalten Fuchsienliebhaber und -gärtner eigene Ausstellungen. Diese sollen mit Verkaufsständen ausgestattet sein, dem Erfahrungsaustausch der Liebhaber dienen und dem Neuling die Möglichkeit bieten, unter fachmännischer Anleitung sein Hobby zu beginnen oder auszubauen.

Fuchsien für die Schau vorbereiten

Wer besonders wohlgeratene Fuchsien zur Schau stellen will, muß schon Monate vor dem Ausstellungstermin mit den Vorbereitungen beginnen. Und so wird eine Fuchsie ausstellungsreif gemacht:
• Einfach blühende Sorten 8 bis 10 Wochen vor dem Ausstellungstermin auf Form zurückschneiden. Bei gefüllt blühenden muß dies 10 bis 12 Wochen zuvor geschehen.
• Sobald die Triebe erscheinen, phosphorkalibetont düngen (→ Seite 19). Das macht die Pflanze fest und widerstandsfähig und fördert die Anlage von Knospen und Blüten.
• Für Hallenschauen keine *Triphylla*-Hybriden wählen. Sie werfen zu schnell die Blüten ab. Besser: einfach blühende Varietäten wie 'Micky Goult' oder 'Joy Patmore'.
• Bei gefüllt blühenden Sorten aufpassen, daß sie nicht zu weit aufgeblüht sind. Sie überstehen sonst den Transport nicht gut.
• Während der Anzuchtzeit auf die Gesundheit der Pflanze achten. Sie muß für eine Ausstellung frei von Schädlingen und Krankheiten sein.

Beim Transport von Ausstellungspflanzen ist darauf zu achten, daß die Kofferaufbauten gut lüftbar sind und sich nicht aufheizen. Die Erdballen müssen feucht, dürfen aber nicht ganz frisch gegossen, die oberirdischen Pflanzenteile müssen trocken sein. Eine Folienhülle ist nicht ratsam. Nach dem Ausladen am Bestimmungsort stellt man die Pflanzen kühl und schattig auf.

Wenn Liebhaber züchten

Immer mehr Fuchsienfreunde versuchen, was früher Berufsgärtnern vorbehalten war: Sie züchten selbst. Das macht enorm viel Spaß, verlangt aber neben Geduld und Zielstrebigkeit nicht nur:
• Erfahrungen mit Arten- und Sorteneigenschaften.
• Geeignete Kulturräume.
• Konsequente Trennung der Elternpflanzen von anderen.
• Größtmögliche Hygiene.

Züchter-Praxis

Ein Züchter braucht neben den Grundkenntnissen der Mendelschen Vererbungslehre unbedingt spezifische Sortenkenntnisse, um seiner angestrebten Züchtungsrichtung schneller näherkommen zu können. Er benötigt ferner Kenntnisse über die Eignung verschiedener Arten und Sorten als Mutter- und Vaterpflanze. Wer Spaß daran hat, sollte sich aber nicht entmutigen lassen, Züchter und Fuchsien-Gesellschaften können hier weiterhelfen.

Arten- und Sachregister

Die **halbfett** gesetzten Seitenzahlen verweisen auf Farbfotos und Farbzeichnungen. U = Umschlagseite.

Register, Adressen, Literatur

Fuchsiengärtnereien

Rudolf und Klara Baum, Scheffel-
   rain 1, D-7250 Leonberg 1.
Heinrich Breukmann, Leinschede 22,
   D-5970 Plettenberg 2.
Hermann Ermel, Kurpfalzstraße,
   D-6719 Zellertal 1.
Reinhard Heinke, Eichholzstraße 2,
   D-4600 Dortmund 41.
E + C Angst van der Leek,
   CH-9500 Wil/Zürich

Fuchsiengesellschaften

Deutsche Dahlien-, Fuchsien- und
   Gladiolen-Gesellschaft e.V. Ubier-
   straße 30, D-5300 Bonn 2.
Deutsche Fuchsiengesellschaft e.V.,
   Pankratiusstraße 10, Gross Förste,
   D-3208 Giesen.

Bezugsquellen

Nutzinsekten:
Bio Nova GmbH, Boschstraße 16,
   D-4190 Kleve.
W. Neudorff, Postfach 1209,
   D-3254 Emmenthal 1.
D. Niesner, Hugo-Wolff-Straße 13,
   D-4010 Hilden.
Sauter & Stepper, Rosenstraße 19,
   D-7403 Ammerbuch 5.

Alternative Schädlingsbekämpfungs-
mittel:
Dr. Dietrich Gümbel, Kurallee 8,
   D-7758 Meersburg.

Bezug auch über Gartenfachhandel
und Gartenversandhandel möglich.

Bücher, die weiterhelfen

Manthey, Gerda: *FUCHSIEN.*
   Eugen Ulmer Verlag, Stuttgart.
Markmann, Erika: *Zimmerpflanzen-
   Pflege.* Gräfe und Unzer Verlag,
   München.
Recht, Christine: *Kübelpflanzen.*
   Gräfe und Unzer Verlag, Mün-
   chen.

Zeitschriften, die weiterhelfen

Bio*Garten*. BioGarten-Verlag, Kette-
   lerstraße 5, 8754 Großostheim.
Der *Garten*. Hortus Verlag GmbH,
   Rheinallee 4b, 5300 Bonn 2.
FLORA. Gruner + Jahr AG & Co,
   Postfach 111629,
   2000 Hamburg 11.

GARTEN. Österreichische Gartenbau-
   Gesellschaft, Parkring 12/III/1,
   A-1010 Wien 1.
Kraut & Rüben. BLV Verlagsgesell-
   schaft mbH, Lothstraße 29,
   8000 München 40.
mein schöner Garten. Verlag Burda
   GmbH, Hauptstraße 130,
   7600 Offenburg.

Die Farbfotos auf dem Umschlag:
Die Fotos zeigen besonders attraktive
Fuchsiensorten.
Titelseite: Neuzüchtung.
Umschlagseite 2: 'Charming'.
Umschlagseite 3: 'Vielliebchen'.
Umschlagrückseite: 'Mantilla' (oben
links), 'Sleigh Bells' (oben rechts),
'Architekt L. Mercher' (unten).

CIP-Titelaufnahme der
Deutschen Bibliothek

Heinke, Reinhard:
Fuchsien: so gedeihen und blühen sie am
besten; Experten-Rat für Kauf, Pflege
und Überwinterung / Reinhard Heinke.
Mit Farbfotos von Friedrich Strauss.
Zeichnungen von Ushie Dorner. –
München: Gräfe u. Unzer, 1989
(GU-Pflanzen-Ratgeber)
ISBN 3-7742-2487-0

1. Auflage 1989
Redaktionsleitung: Hans Scherz
Redaktion: Renate Weinberger
Lektorat: Halina Heitz
Herstellung: Johannes Schmidt-Thomé
Produktion: Helmut Giersberg
Umschlaggestaltung:
Heinz Kraxenberger

Satz: Hesz Satz Repro GmbH
Reproduktion: Gebr. Czech & Partner
Druck: Pera
Bindung: R. Oldenburg

ISBN 3-7742-2487-0